d

Dieses Taschenbuch enthält in englisch-deutschem Paralleldruck vierzehn Märchen aus den Sammlungen "English Fairy Tales" und "More English Fairy Tales" von Joseph Jaccobs (1854–1916). Es sind zum Teil wirklich Feen-Geschichten, zum Teil aber auch Sagen, Schnurren und spielerische Häufel-Texte mit märchenhaftem Einschlag.

Die Maßstäbe für gut und böse, mutig und feige, gewitzt und dumm, lustig und traurig beziehen Kinder anteilig aus Märchen. Insofern verstehen wir die Erwachsenen jenseits und diesseits des Kanals besser, wenn wir die Märchen ihrer Kindheit kennen. Aber abgesehen vom Lehr-Effekt ist die Lektüre dieses Buches auch einfach unterhaltsam, erheiternd, erwärmend, verzaubernd.

English Fairy Tales · Englische Märchen

Auswahl und Übersetzung von
Eva, Gisela und Helga Wachinger
Illustrationen von Frieda Wiegand

Deutscher Taschenbuch Verlag

dtv zweisprachig
Begründet von Kristof Wachinger – Langewiesche

1. Auflage 1991. 9. Auflage Juli 2006
Deutscher Taschenbuch Verlag GmbH & Co. KG, München
© Langewiesche-Brandt, Ebenhausen bei München
Umschlagkonzept: Balk & Brumshagen
Umschlagbild: Leinenmuster, England um 1890
Gesamtherstellung: Kösel, Krugzell
Gedruckt auf säurefreiem, chlorfrei gebleichtem Papier
Printed in Germany
ISBN-13: 978-3-423-09281-4
ISBN-10: 3-423-09281-5

Index · Inhaltsverzeichnis

When good King Arthur reigned, there lived near the Land's End of England, in the county of Cornwall, a farmer who had one only son called Jack. He was brisk and of a ready lively wit, so that nobody or nothing could worst him.

In those days the Mount of Cornwall was kept by a huge giant named Cormoran. He was eighteen feet in height, and about three yards round the waist, of a fierce and grim countenance, the terror of all the neighbouring towns and villages. He lived in a cave in the midst of the Mount, and whenever he wanted food he would wade over to the mainland, where he would furnish himself with whatever came in his way. Everybody at his approach ran out of their houses, while he seized on their cattle, making nothing of carrying half-a-dozen oxen on his back at a time; and as for their sheep and hogs, he would tie them round his waist like a bunch of tallow-dips. He had done this for many years, so that all Cornwall was in despair.

One day Jack happened to be at the town-hall when the magistrates were sitting in council about the giant. He asked: "What reward will be given to the man who kills Cormoran?" "The giant's treasure", they said, "will be the reward." Quoth Jack: "Then let me undertake it."

Hans Riesentöter

Zur Zeit des guten Königs Artus lebte in Cornwall, nahe der äußersten Spitze von England, ein Bauer; er hatte nur einen Sohn, und der hieß Hans. Hans war aufgeweckt und so reichlich mit lebhaftem Witz ausgestattet, daß ihm nichts und niemand etwas anhaben konnte.

In jenen Tagen wurden die Berge von Cornwall von einem gewaltigen Riesen beherrscht, der hieß Kormoran. Er war achtzehn Fuß groß, sein Leib hatte neun Ellen Umfang, und er war wild und grimmig und der Schrecken aller Städte und Dörfer in der Gegend. Er lebte in einer Höhle tief in den Bergen, und immer, wenn er etwas essen wollte, watete er zum Festland hinüber und nahm sich dort alles, was ihm in den Weg kam. Sobald er erschien, rannten alle aus ihren Häusern, und inzwischen vergriff er sich an ihren Herden und lud sich mir nichts dir nichts ein halbes Dutzend Ochsen auf einmal auf den Rücken. Und Schafe und Schweine band er sich an den Gürtel wie ein Bündel Talgkerzen. So trieb er es schon viele Jahre, und ganz Cornwall lebte in Angst und Schrecken.

Einmal war Hans gerade im Rathaus, als die Stadtältesten eine Sitzung wegen des Riesen abhielten. Hans fragte sie: «Welchen Lohn gebt ihr dem, der Kormoran tötet?» – «Der Schatz des Riesen soll der Lohn sein!», sagten sie. Da rief Hans: «Dann laßt mich es machen.»

So he got a horn, shovel, and pickaxe, and went over to the Mount in the beginning of a dark winter's evening, when he fell to work, and before morning had dug a pit twenty-two feet deep, and nearly as broad, covering it over with long sticks and straw. Then he strewed a little mould over it, so that it appeared like plain ground. Jack then placed himself on the opposite side of the pit, farthest from the giant's lodging, and, just at the break of day, he put the horn to his mouth, and blew, Tantivy, Tantivy. This noise roused the giant, who rushed from his cave, crying: "You incorrigible villain, are you come here to disturb my rest? You shall pay dearly for this. Satisfaction I will have, and this it shall be, I will take you whole and broil you for breakfast." He had no sooner uttered this, than he tumbled into the pit, and made the very foundations of the Mount to shake. "Oh, Giant," quoth Jack, "where are you now? Oh, faith, you are gotten now into Lob's Pound, where I will surely plague you for your threatening words: what do you think now of broiling me for your breakfast? Will no other diet serve you but poor Jack!" Then having tantalised the giant for a while, he gave him a most weighty knock with his pickaxe on the very crown of his head, and killed him on the spot.

Jack then filled up the pit with earth, and went to search the cave, which he found contained much treasure. When the magistrates heard of this they made a declaration he should henceforth be termed JACK THE GIANT-KILLER, and presented him with a sword and a belt, on which were written these words embroidered in letters of gold:

Here's the right valiant Cornish man,
Who slew the giant Cormoran.

The news of Jack's victory soon spread over all the

Er nahm also ein Horn, eine Schaufel und einen Pickel und ging an einem Winterabend bei Anbruch der Dunkelheit in die Berge. Dort machte er sich an die Arbeit, und noch vor Tagesanbruch hatte er eine zweiundzwanzig Fuß tiefe und beinahe genauso breite Grube gegraben, die er mit langen Zweigen und Grashalmen zudeckte. Dann streute er etwas Walderde darüber, damit es wie ebener Boden aussah. Hans stellte sich an der Seite der Grube hin, die am weitesten von der Höhle des Riesen entfernt war, und genau bei Tagesanbruch setzte er das Horn an die Lippen und blies: Trarari, trarari. Der Lärm weckte den Riesen, er stürmte aus seiner Höhle und schrie: «Du unverbesserlicher Schurke, bist du hergekommen, um meine Ruhe zu stören? Dafür sollst du teuer bezahlen. Ich werde mich schadlos halten und dich wie du bist zum Frühstück braten.»

Er hatte kaum ausgeredet, da stürzte er in die Grube, und die Grundfesten der Berge bebten. «Oho, du Riese», rief Hans, «wo bist du jetzt? Oh meiner Treu, jetzt bist du mir in die Falle gegangen, darin werde ich dich gewiß plagen für deine Drohungen. Wie denkst du nun über mich als Frühstücksbraten? Gibt es denn keine andere Kost für dich als den armen Hans?» So quälte er den Riesen eine Zeitlang, dann versetzte er ihm mit dem Pickel einen schweren Schlag mitten auf den Kopf und tötete ihn auf der Stelle.

Danach füllte Hans die Grube wieder mit Erde auf und ging um die Höhle zu suchen, die er bald fand, angefüllt mit Schätzen. Als die Ältesten von Hansens Tat erfuhren, bestimmten sie, er solle hinfort HANS RIESENTÖTER genannt werden, und schenkten ihm ein Schwert und einen Gürtel, auf den mit goldenen Buchstaben diese Worte gestickt waren:

Dies ist Cornwalls tapferer Mann,
Der erschlug den Riesen Kormoran.

Die Nachricht von Hansens Sieg verbreitete sich bald in

West of England, so that another giant, named Blunderbore, hearing of it, vowed to be revenged on Jack, if ever he should light on him. This giant was the lord of an enchanted castle situated in the midst of a lonesome wood. Now Jack, about four months afterwards, walking near this wood in his journey to Wales, being weary, seated himself near a pleasant fountain and fell fast asleep. While he was sleeping, the giant, coming there for water, discovered him, and knew him to be the far-famed Jack the Giant-killer by the lines written on the belt. Without ado, he took Jack on his shoulders and carried him towards his castle. Now, as they passed through a thicket, the rustling of the boughs awakened Jack, who was strangely surprised to find himself in the clutches of the giant. His terror was only begun, for, on entering the castle, he saw the ground strewed with human bones, and the giant told him his own would ere long be among them. After this the giant locked poor Jack in an immense chamber, leaving him there while he went to fetch another giant, his brother, living in the same wood, who might share in the meal on Jack.

After waiting some time Jack, on going to the window, beheld afar off the two giants coming towards the castle. "Now", quoth Jack to himself, "my death or my deliverance is at hand." Now, there were strong cords in a corner of the room in which Jack was, and two of these he took, and made a strong noose at the end; and while the giants were unlocking the iron gate of the castle he threw the ropes over each of their heads. Then he drew the other ends across a beam, and pulled with all his might, so that he throttled them. Then, when he saw they were black in the face, he slid down the rope, and drawing his sword, slew them both. Then, taking the giant's keys, and unlocking the rooms,

ganz West-England, und so hörte auch ein anderer Riese mit dem Namen Dummkopf davon. Er schwor Rache an Hans, falls er je auf ihn stoßen sollte. Dieser Riese war Herr über ein Zauberschloß mitten in einem abgelegenen Wald. Nun kam Hans etwa vier Monate später auf dem Weg nach Wales durch diesen Wald. Er wurde müde, setzte sich neben eine liebliche Quelle und fiel in tiefen Schlaf. Während Hans schlief, kam der Riese vorbei, um Wasser zu holen, entdeckte ihn und erkannte an dem Vers, der auf dem Gürtel stand, den weithin berühmten Hans Riesentöter. Ohne Aufhebens lud er sich Hans auf die Schultern und trug ihn zu seinem Schloß. Wie sie nun durch ein Dickicht kamen, weckte das Rascheln der Zweige Hans auf, und er war höchst erstaunt, sich in den Klauen des Riesen zu finden. Das war aber erst der Anfang des Schreckens, denn als sie in das Schloß kamen, sah er, daß der ganze Boden mit Menschenknochen übersät war, und der Riese sagte zu Hans, die seinen würden auch bald dort liegen. Darauf sperrte der Riese den armen Hans in ein ungeheuer großes Zimmer und ließ ihn dort, während er selbst wegging, um seinen Bruder zu holen; der war auch ein Riese und wohnte im selben Wald und sollte das Festessen, nämlich Hans, mit ihm teilen.

Hans wartete eine Zeitlang, dann trat er ans Fenster und sah die beiden Riesen auf das Schloß zukommen. «Jetzt entscheidet es sich», sagte Hans bei sich: «Tod oder Befreiung.» In dem Raum, in dem er war, lagen in einer Ecke starke Seile; zwei davon nahm Hans, machte in beide am Ende eine feste Schlaufe, und als die Riesen das eiserne Tor zum Schloß aufsperrten, warf er jedem eine Schlinge über den Kopf. Dann schlang er die anderen Enden um einen Balken und zog mit aller Kraft, daß er sie würgte.

Als er sah, daß sie schwarz im Gesicht waren, rutschte er am Seil hinunter, zog sein Schwert und erschlug sie beide. Dann nahm er die Schlüssel des Riesen und sperrte die Gemächer auf: Da fand er drei blonde

he found three fair ladies tied by the hair of their heads, almost starved to death. "Sweet ladies," quoth Jack, "I have destroyed this monster and his brutish brother, and obtained your liberties." This said, he presented them with the keys, and so proceeded on his journey to Wales.

Jack made the best of his way by travelling as fast as he could, but lost his road, and was benighted, and could find no habitation until, coming into a narrow valley, he found a large house, and in order to get shelter took courage to knock at the gate. But what was his surprise when there came forth a monstrous giant with two heads; yet he did not appear so fiery as the others were, for he was a Welsh giant, and what he did was by private and secret malice under the false show of friendship. Jack, having told his condition to the giant, was shown into a bedroom, where, in the dead of night, he heard his host in another apartment muttering these words:

"Though here you lodge with me this night,
You shall not see the morning light:
My club shall dash your brains outright!"

"Say'st thou so," quoth Jack; "that is like one of your Welsh tricks, yet I hope to be cunning enough for you." Then, getting out of bed, he laid a billet in the bed in his stead, and hid himself in a corner of the room. At the dead time of the night in came the Welsh giant, who struck several heavy blows on the bed with his club, thinking he had broken every bone in Jack's skin. The next morning Jack, laughing in his sleeve, gave him hearty thanks for his night's lodging. "How have you rested?" quoth the giant; "did you not feel anything in the night?" "No," quoth Jack, "nothing but a rat, which gave me two or three slaps with her tail." With that, greatly wondering, the giant led Jack to breakfast,

12
13

Fräulein, gefesselt mit ihrem Haupthaar und fast verhungert. «Ihr lieblichen Fräulein», rief Hans, «ich habe dieses Ungeheuer und seinen groben Bruder umgebracht und euch die Freiheit wiedergewonnen.» Mit diesen Worten überreichte er ihnen die Schlüssel und setzte seine Reise nach Wales fort.

Hans wanderte so schnell er konnte und kam zügig voran, aber er verirrte sich, dann überraschte ihn die Nacht und er konnte keine Herberge finden. In einem engen Tal stieß er auf ein Haus; und weil er ein Nachtlager brauchte, faßte er sich ein Herz und klopfte an die Tür. Doch wie erstaunt war er, als ein gewaltiger Riese mit zwei Köpfen herauskam! Nun schien der zwar nicht so wild zu sein wie die anderen, denn es war ein waliser Riese; aber alles, was er tat, war insgeheim böse, und er tat nur freundlich dabei. Hans schilderte dem Riesen seine Lage und wurde in ein Schlafgemach geführt. Dort hörte er mitten in der Nacht, wie sein Gastgeber nebenan diese Worte murmelte:

«Zwar wohnst du hier bei mir heut nacht,
doch lacht dir nicht des Morgens Pracht:
dein Hirn spritzt, wenn die Keule kracht.»

«Das hast du dir so gedacht», sagte Hans bei sich, «das ist wohl einer von deinen waliser Schlichen, aber ich hoffe, ich bin für dich allemal schlau genug.» Dann stieg er aus dem Bett, legte an seiner Statt einen Holzscheit hinein und versteckte sich in einer Ecke des Zimmers. In der tiefsten Nacht kam der waliser Riese, schlug mit der Keule mehrmals kräftig auf das Bett und glaubte, Hans sämtliche Knochen im Leib gebrochen zu haben. Am nächsten Morgen dankte Hans herzlich für das Nachtquartier und lachte sich dabei ins Fäustchen. «Wie hast du geschlafen?» fragte der Riese. «Hast du in der Nacht nichts gespürt?» «Nein», sagte Hans, «nichts, außer einer Ratte, die mir zwei oder drei Klapse mit dem Schwanz versetzte.» Da wunderte sich der Riese sehr, lud Hans

bringing him a bowl containing four gallons of hasty pudding. Being loth to let the giant think it too much for him, Jack put a large leather bag under his loose coat, in such a way that he could convey the pudding into it without its being perceived. Then, telling the giant he would show him a trick, taking a knife, Jack ripped open the bag, and out came all the hasty pudding. Whereupon, saying, "Odds splutters hur nails, hur can do that trick hurself," the monster took the knife, and ripping open his belly, fell down dead.

Now, it happened in these days that King Arthur's only son asked his father to give him a large sum of money, in order that he might go and seek his fortune in the principality of Wales, where lived a beautiful lady possessed with seven evil spirits. The king did his best to persuade his son from it, but in vain; so at last gave way and the prince set out with two horses, one loaded with money, the other for himself to ride upon. Now, after several days' travel, he came to a market-town in Wales, where he beheld a vast crowd of people gathered together. The prince asked the reason of it, and was told that they had arrested a corpse for several large sums of money which the deceased owed when he died. The prince replied that it was a pity creditors should be so cruel, and said: "Go bury the dead, and let his creditors come to my lodging, and there their debts shall be paid." They came, in such great numbers that before night he had only twopence left for himself.

Now Jack the Giant-Killer, coming that way, was so taken with the generosity of the prince, that he desired to be his servant. This being agreed upon, the next morning they set forward on their journey together, when, as they were riding out of the town, an old woman called after the prince, saying,

zum Frühstück ein und brachte ihm eine Schüssel, in der waren vier Gallonen heißer Mehlbrei. Weil Hans nicht wollte, daß der Riese dachte, es sei zu viel für ihn, band er sich einen großen Lederbeutel unter sein weites Hemd: so, daß er den Brei unbemerkt darin verschwinden lassen konnte. Später sagte Hans zu dem Riesen, er wolle ihm ein Kunststück zeigen, nahm ein Messer, schlitzte den Beutel auf, und heraus kam der ganze Brei. Da sagte das Ungeheuer: «Was schlabbert da Söltsames öber dü Klauen – das Kunstöck kann öch abur auch», nahm das Messer, schlitzte sich den Bauch auf und fiel tot zu Boden.

In jenen Tagen geschah es nun auch, daß König Artus' einziger Sohn den Vater um eine große Geldsumme bat, damit er ausziehen könne, um sein Glück im Fürstentum Wales zu suchen. Dort lebte nämlich ein wunderschönes Fräulein, das von sieben bösen Geistern besessen war. Der König tat alles, seinen Sohn davon abzuhalten, aber vergebens; so willigte er schließlich ein, und der Prinz zog mit zwei Pferden fort: mit dem Lastpferd für das Geld und mit seinem Reitpferd. Nach einigen Tagesreisen kam er in einen Marktflecken in Wales, wo sich eine gewaltige Menschenmenge versammelt hatte. Der Prinz fragte nach der Ursache und bekam zur Antwort, eine Leiche sei in Gewahrsam genommen worden; der Verstorbene habe einen großen Berg Schulden hinterlassen. Der Prinz erwiderte, es sei eine Schande, daß Gläubiger so grausam sein könnten, und sagte: «Geht und begrabt den Toten und schickt die Gläubiger zu mir: ich werde ihre Forderungen erfüllen.» Sie kamen in solchen Scharen, daß er am Abend nur noch zwei Pfennige für sich selbst übrig hatte.

Hans Riesentöter, der gerade des Wegs kam, war so eingenommen von der Großmut des Prinzen, daß er dessen Diener werden wollte.

Sie wurden sich einig und setzten am nächsten Morgen ihre Reise gemeinsam fort. Doch als sie aus der Stadt hinausritten, rief eine alte Frau

"He has owed me twopence these seven years; pray pay me as well as the rest." Putting his hand to his pocket, the prince gave the woman all he had left, so that after their day's food, which cost what small store Jack had by him, they were without a penny between them.

When the sun got low, the king's son said: "Jack, since we have no money, where can we lodge this night?"

But Jack replied: "Master, we'll do well enough, for I have an uncle lives within two miles of this place; he is a huge and monstrous giant with three heads; he'll fight five hundred men in armour, and make them to fly before him."

"Alas!" quoth the prince, "what shall we do there? He'll certainly chop us up at a mouthful. Nay, we are scarce enough to fill one of his hollow teeth!"

"It is no matter for that," quoth Jack; "I myself will go before and prepare the way for you; therefore stop here and wait till I return." Jack then rode away at full speed, and coming to the gate of the castle, he knocked so loud that he made the neighbouring hills resound. The giant roared out at this like thunder: "Who's there?"

Jack answered: "None but your poor cousin Jack."

Quoth he: "What news with my poor cousin Jack?"

He replied: "Dear uncle, heavy news, God wot!"

"Prithee," quoth the giant, "what heavy news can come to me? I am a giant with three heads, and besides thou knowest I can fight five hundred men in armour, and make them fly like chaff before the wind."

"Oh, but", quoth Jack, "here's the king's son acoming with a thousand men in armour to kill you and destroy all that you have!"

dem Prinzen nach: «Seit sieben Jahren schuldet er mir zwei Pfennig: «Bitte, bezahlt mich doch auch so wie die anderen!» Der Prinz steckte die Hand in die Tasche und gab der Frau alles, was er noch hatte, und so besaßen sie nach dem Mittagessen, das sie mit dem Wenigen bezahlten, was Hans bei sich hatte, keinen einzigen Pfennig mehr.

Als die Sonne tiefer sank, sagte der Königssohn: «Hans, wo können wir die Nacht verbringen, wo wir doch kein Geld haben?»

Doch Hans antwortete: «Herr, es wird alles gut werden, denn nur zwei Meilen von hier wohnt mein Onkel, ein mächtiger und gewaltiger Riese mit drei Köpfen, der es mit fünfhundert bewaffneten Männern aufnimmt und sie in die Flucht schlägt.»

«O weh», rief der Prinz, «was sollen wir dort? Er wird uns mit einem Bissen kleinhacken. Ach nein, wir sind doch nicht einmal genug, ihm einen hohlen Zahn zu füllen!»

«So weit soll es nicht kommen», sagte Hans, «ich werde selbst vorausgehen und alles für Euch vorbereiten. Bleibt also hier und wartet, bis ich zurückkomme.» Hans ritt in gestrecktem Galopp davon, und als er an das Schloßtor kam, klopfte er so laut, daß es von den Hügeln ringsum widerhallte. Da brüllte der Riese von innen, daß es klang wie Donner: «Wer da?»

Hans antwortete: «Es ist nur dein armer Vetter Hans.»

Darauf der Riese: «Was bringt mein armer Vetter Hans für Neuigkeiten?»

Hans: «Oh, Onkel, schlechte Neuigkeiten, weiß Gott!»

«Ich bitte dich», rief der Riese, «was für schlechte Neuigkeiten kann es für mich geben? Ich bin ein Riese mit drei Köpfen, und wie du weißt, kann ich es mit fünfhundert bewaffneten Männern aufnehmen und sie in die Flucht schlagen, daß sie davonfliegen wie Spreu im Wind.»

«Oh ja», rief Hans, «aber gerade kommt des Königs Sohn mit tausend bewaffneten Männern, um dich zu töten und all dein Hab und Gut zu zerstören!»

"Oh, cousin Jack," said the giant, "this is heavy news indeed! I will immediately run and hide myself, and thou shalt lock, bolt, and bar me in, and keep the keys until the prince is gone." Having secured the giant, Jack fetched his master, when they made themselves heartily merry whilst the poor giant lay trembling in a vault under the ground.

Early in the morning Jack furnished his master with a fresh supply of gold and silver, and then sent him three miles forward on his journey, at which time the prince was pretty well out of the smell of the giant. Jack then returned, and let the giant out of the vault, who asked what he should give him for keeping the castle from destruction. "Why," quoth Jack, "I want nothing but the old coat and cap, together with the old rusty sword and slippers which are at your bed's head." Quoth the giant: "You know not what you ask; they are the most precious things I have. The coat will keep you invisible, the cap will tell you all you want to know, the sword cuts asunder whatever you strike, and the shoes are of extraordinary swiftness. But you have been very serviceable to me, therefore take them with all my heart."

Jack thanked his uncle, and then went off with them. He soon overtook his master and they quickly arrived at the house of the lady the prince sought, who finding the prince to be a suitor, prepared a splendid banquet for him.

After the repast was concluded, he told him she had a task for him. She wiped his mouth with a handkerchief, saying: "You must show me that handkerchief to-morrow morning, or else you will lose your head." With that she put it in her bosom. The prince went to bed in great sorrow, but Jack's cap of knowledge informed him how it was to be obtained.

«Oh, Vetter Hans», sagte der Riese, «das sind wirklich schlechte Neuigkeiten! Ich muß sofort los und mich verstecken, und du sollst mich einsperren, dann alles abriegeln und abschließen und die Schlüssel bewahren, bis der Prinz wieder fort ist.» Nachdem Hans den Riesen in Sicherheit gebracht hatte, holte er seinen Herrn, und sie ließen es sich von Herzen wohl ergehen, während der arme Riese zitternd im Verlies unter der Erde lag.

Früh am nächsten Morgen stattete Hans seinen Herrn mit neuem Vorrat an Gold und Silber aus und begleitete ihn drei Meilen weit auf dem Weg, bis er bestimmt aus dem Blickfeld des Riesen war. Dann kehrte er zurück und ließ den Riesen aus seinem Verlies. Der fragte ihn gleich, was er Hans dafür geben solle, daß er das Schloß vor der Zerstörung bewahrt habe. «Ach was», sagte Hans, «ich will doch gar nichts, außer den alten Umhang und die Kappe, dazu das alte rostige Schwert und die Pantoffeln, die am Kopfende von deinem Bett stehen.» Darauf der Riese: «Du weißt nicht, was du forderst; das sind die wertvollsten Sachen, die ich habe. Der Umhang wird dich unsichtbar machen; die Kappe wird dir alles sagen, was du wissen willst; das Schwert schlägt entzwei, was immer du damit berührst; und die Schuhe sind an Schnelligkeit nicht zu übertreffen. Aber du hast mir einen großen Dienst erwiesen, darum nimm es, von ganzem Herzen.»

Hans dankte seinem Onkel und ging mit den Sachen fort. Bald holte er seinen Herrn ein, und schon nach kurzer Zeit kamen sie zu dem Schloß des Fräuleins, zu dem der Prinz wollte. Sie erkannte in dem Prinzen einen Freier und gab ihm zu Ehren ein herrliches Festessen.

Als die Mahlzeit beendet war, sagte sie ihm, sie habe eine Aufgabe für ihn. Sie wischte mit einem Taschentuch über seinen Mund und sagte: «Du mußt mir dieses Taschentuch morgen früh vorzeigen, oder du hast deinen Kopf verwirkt.» Damit verwahrte sie es an ihrem Busen. Der Prinz ging voll Kummer zu Bett, doch von Hansens Weisheitskappe erfuhr er, was zu tun war.

In the middle of the night she called upon her familiar spirit to carry her to Lucifer. But Jack put on his coat of darkness and his shoes of swiftness, and was there as soon as she was. When she entered the place of the demon, she gave the handkerchief to him, and he laid it upon a shelf, whence Jack took it and brought it to his master, who showed it to the lady next day, and so saved his life. On that day she gave the prince a kiss and told him he must show her the lips to-morrow morning that she kissed last night, or lose his head.

"Ah!" he replied, "if you kiss none but mine, I will."

"That is neither here nor there," said she; "if you do not, death's your portion!"

At midnight she went as before, and was angry with the demon for letting the handkerchief go. "But now", quoth she, "I will be too hard for the king's son, for I will kiss thee, and he is to show me thy lips." Which she did, and Jack, when she was not standing by, cut off Lucifer's head and brought it under his invisible coat to his master, who the next morning pulled it out by the horns before the lady. This broke the enchantment and the evil spirit left her, and she appeared in all her beauty. They were married the next morning, and soon after went to the court of King Arthur, where Jack, for his many great exploits, was made one of the Knights of the Round Table.

Jack soon went searching for giants again, but he had not ridden far, when he saw a cave, near the entrance of which he beheld a giant sitting upon a block of timber, with a knotted iron club by his side. His goggle eyes were like flames of fire, his countenance grim and ugly, and his cheeks like a couple of large flitches of bacon, while the bristles of his beard resembled rods of iron wire, and the locks

Um Mitternacht rief das Fräulein ihren Hausgeist herbei, daß er sie zu Luzifer bringe. Hans zog den Tarnmantel und die Schnelläuferschuhe an und langte zur selben Zeit dort an wie sie. Sie betrat den Ort des Bösen, gab diesem das Taschentuch, und er legte es auf ein Steinsims. Hans holte es sich und brachte es seinem Herrn, der es am nächsten Tag dem Fräulein überreichte und so sein Leben rettete. An diesem Tag gab sie dem Prinzen einen Kuß und trug ihm auf, er müsse ihr am nächsten Morgen die Lippen zeigen, die sie in der Nacht zuvor geküßt habe, oder er werde seinen Kopf verlieren.

«Oh!» entgegnete er, «wenn du keine anderen mehr küßt als die meinen, werde ich sie dir zeigen.»

«Das tut nichts zur Sache», sagte sie, «kannst du sie mir nicht zeigen, ist dir der Tod sicher.»

Um Mitternacht flog sie los wie in der Nacht zuvor und schalt den Bösen, weil er sich das Taschentuch hatte stehlen lassen. «Heute aber», sagte sie, «werde ich schlauer sein als der Königssohn, denn ich werde dich küssen, und dann muß er mir deine Lippen zeigen!» Das tat sie auch, doch Hans schlug, als sie nicht mehr daneben stand, Luzifer den Kopf ab und trug ihn unter dem Tarnmantel zu seinem Herrn, welcher ihn am nächsten Morgen vor dem Fräulein an den Hörnern herauszog. Dies brach den Zauber, der böse Geist verließ sie, und sie erschien in aller Schönheit. Am nächsten Tag wurden sie getraut, und bald darauf gingen sie an den Hof von König Artus. Dort wurde Hans seiner vielen großen Taten wegen zum Ritter der Tafelrunde geschlagen.

Bald zog Hans wieder aus, um nach Riesen zu suchen. Er war noch nicht weit geritten, da sah er eine Höhle, und neben dem Eingang, auf einem Holzklotz sitzend, einen Riesen mit einer eisenbeschlagenen Keule. Seine Glotzaugen glühten feurig, er sah grimmig und abstoßend aus, und seine Backen glichen einem Paar fetter Speckseiten, seine Bartstoppeln dagegen eisernen Drahtstiften; und die Locken, die ihm bis auf die kräftigen Schultern hingen,

that hung down upon his brawny shoulders were like curled snakes or hissing adders. Jack alighted from his horse, and, putting on the coat of darkness, went up close to the giant, and said softly: "Oh! are you there? It will not be long before I take you fast by the beard." The giant all this while could not see him, on account of his invisible coat, so that Jack, coming up close to the monster, struck a blow with his sword at his head, but, missing his aim, he cut off the nose instead. At this, the giant roared like claps of thunder, and began to lay about him with his iron club like one stark mad. But Jack, running behind, drove his sword up to the hilt in the giant's back, so that he fell down dead. This done, Jack cut off the giant's head, and sent it, with his brother's also, to King Arthur, by a waggoner he hired for that purpose.

Jack now resolved to enter the giant's cave in search of his treasure, and, passing along through a great many windings and turnings, he came at length to a large room paved with freestone, at the upper end of which was a boiling caldron, and on the right hand a large table, at which the giant used to dine. Then he came to a window, barred with iron, through which he looked and beheld a vast number of miserable captives, who, seeing him, cried out: "Alas! young man, art thou come to be one amongst us in this miserable den?"

"Ay," quoth Jack, "but pray tell me what is the meaning of your captivity?"

"We are kept here", said one, "till such time as the giants have a wish to feast, and then the fattest among us is slaughtered! And many are the times they have dined upon murdered men!"

"Say you so?" quoth Jack, and straightway unlocked the gate and let them free, who all rejoiced like condemned men at sight of a pardon. Then

sahen aus wie schlängelnde Ottern oder zischende Nattern. Hans sprang vom Pferd, warf sich den Tarnmantel über, ging nahe an den Riesen heran und sagte leise: «Oh, wen haben wir denn da, wart nur, gleich pack ich dich am Bart.» Der Riese konnte ihn dabei aber wegen des Tarnmantels nicht sehen, und so kam Hans nahe an das Ungeheuer heran und führte einen Streich gegen dessen Kopf. Er verfehlte jedoch sein Ziel und hieb dem Riesen nur die Nase ab. Da donnerte der Riese wie ein krachendes Gewitter und warf sich, vollkommen von Sinnen, mit seiner eisernen Keule auf Hans. Aber der lief um den Riesen herum und rannte ihm sein Schwert bis ans Heft in den Rücken, daß er tot zu Boden fiel. Nach dieser Tat schnitt Hans dem Riesen den Kopf ab und sandte ihn, wie auch den des Bruders, an König Artus durch einen Fuhrmann, den er eigens dafür angeworben hatte.

Hans beschloß nun, in die Höhle des Riesen zu gehen und den Schatz zu suchen. Er ging durch viele gewundene und verschlungene Gänge und kam endlich in einen mit Sandstein gepflasterten großen Saal, an dessen oberem Ende ein brodelnder Kessel stand und rechter Hand eine große Tafel, an der der Riese für gewöhnlich speiste. Hans trat zu einem mit Eisenstäben vergitterten Fenster, schaute hindurch und gewahrte eine große Anzahl erbarmungswürdiger Gefangener, die, kaum sahen sie ihn, ausriefen: «Ach, junger Herr, bist du auch gekommen, um mit uns dieses erbarmungswürdige Loch zu teilen?»

«Oh», rief Hans, «ich bitte euch, sagt mir, weshalb ihr hier gefangen gehalten werdet?»

«Wir werden hier festgehalten», sagte einer, «bis zu der Zeit, da die Riesen den Wunsch zu tafeln verspüren, dann wird jeweils der fetteste von uns geschlachtet. Und wie oft schon sind sie über ermordeten Menschen zu Tisch gesessen!»

«Ach so?» sagte Hans, öffnete auf der Stelle das Tor und ließ sie frei, und sie freuten sich alle wie Verurteilte bei ihrer Begnadigung. Darauf suchte Hans die Truhen

searching the giant's coffers, he shared the gold and silver equally amongst them and took them to a neighbouring castle, where they all feasted and made merry over their deliverance.

But in the midst of all this mirth a messenger brought news that one Thunderdell, a giant with two heads, having heard of the death of his kinsmen, had come from the northern dales to be revenged on Jack, and was within a mile of the castle, the country people flying before him like chaff. But Jack was not a bit daunted, and said: "Let him come! I have a tool to pick his teeth; and you, ladies and gentlemen, walk out into the garden, and you shall witness this giant Thunderdell's death and destruction."

The castle was situated in the midst of a small island surrounded by a moat thirty feet deep and twenty feet wide, over which lay a drawbridge. So Jack employed men to cut through this bridge on both sides, nearly to the middle; and then, dressing himself in his invisible coat, he marched against the giant with his sword of sharpness. Although the giant could not see Jack, he smelt his approach, and cried out in these words:

"Fee, fi, fo, fum!
I smell the blood of an Englishman!
Be he alive or be he dead,
I'll grind his bones to make me bread!"

"Say'st thou so?" said Jack; "then thou art a monstrous miller indeed."

The giant cried out again: "Art thou that villain who killed my kinsmen? Then I will tear thee with my teeth, suck thy blood, and grind thy bones to powder."

"You'll have to catch me first," quoth Jack, and throwing off his invisible coat, so that the giant

des Riesen und fand sie auch; er teilte Gold und Silber gerecht unter allen auf und brachte sie in ein nahegelegenes Schloß, wo sie ein Festmahl hielten und ihre Befreiung feierten.

Mitten hinein in dieses Freudenfest kam ein Bote mit der Nachricht, daß ein gewisser Donnertal, ein Riese mit zwei Köpfen, von dem Tod seines Verwandten gehört habe und aus den nördlichen Tälern gekommen sei, um an Hans Rache zu üben. Er sei nur noch eine Meile vom Schloß entfernt, und das Volk auf dem Lande fliege vor ihm davon wie die Spreu vor dem Wind. Hans aber war kein bißchen verzagt, sondern sagte: «Laßt ihn nur kommen, ich habe einen Stengel, mit dem ich ihm in den Zähnen stochern kann! Ihr, meine Fräulein und Herren, spaziert nur in den Garten, dann sollt ihr Zeugen sein von Tod und Vernichtung dieses Riesen Donnertal.»

Das Schloß lag mitten auf einer kleinen Insel, umgeben von einem Graben von dreißig Fuß Tiefe und zwanzig Fuß Breite, über den eine Zugbrücke führte. Hans warb Leute an, die die Brücke auf beiden Seiten fast bis zur Mitte ansägten. Dann warf er den Tarnmantel über und griff den Riesen mit dem Scharfen Schwert an. Der Riese konnte ihn zwar nicht sehen, doch er roch seine Nähe und brüllte ihm entgegen:

«Fauch, fach, feuch, fich!
Blut eines Engländers rieche ich!
Sei er lebend oder tot,
ich mahl seine Knochen und back ein Brot!»

«Das hast du dir gedacht», sagte Hans, «dann wärst du aber wirklich ein ungeheurer Müller!»

Der Riese brüllte weiter: «Bist du der Schurke, der meinen Verwandten getötet hat? Dann will ich dich mit den Zähnen zerfleischen, dir das Blut aussaugen und deine Knochen zu Mehl mahlen.»

«Zuerst mußt du mich aber erwischen», rief Hans und warf den Tarnmantel ab, so daß der Riese ihn sehen

might see him, and putting on his shoes of swiftness, he ran from the giant, who followed like a walking castle, so that the very foundations of the earth seemed to shake at every step. Jack led him a long dance, in order that the gentlemen and ladies might see; and at last to end the matter, ran lightly over the drawbridge, the giant, in full speed, pursuing him with his club. Then, coming to the middle of the bridge, the giant's great weight broke it down, and he tumbled headlong into the water, where he rolled and wallowed like a whale. Jack, standing by the moat, laughed at him all the while; but though the giant foamed to hear him scoff, and plunged from place to place in the moat, yet he could not get out to be revenged. Jack at length got a cart-rope and cast it over the two heads of the giant, and drew him ashore by a team of horses, and then cut off both his heads with his sword of sharpness, and sent them to King Arthur.

After some time spent in mirth and pastime, Jack, taking leave of the knights and ladies, set out for new adventures. Through many woods he passed, and came at length to the foot of a high mountain. Here, late at night, he found a lonesome house, and knocked at the door, which was opened by an aged man with a head as white as snow. "Father," said Jack, "can you lodge a benighted traveller that has lost his way?"

"Yes," said the old man; "you are right welcome to my poor cottage."

Whereupon Jack entered, and down they sat together, and the old man began to speak as follows: "Son, I see by your belt you are the great conqueror of giants, and behold, my son, on the top of this mountain is an enchanted castle, this is kept by a giant named Galligantua, and he by the help of an old conjurer, betrays many knights and ladies into

konnte. Er zog seine Schnelläuferschuhe an und rannte dem Riesen davon, und der folgte ihm wie eine wandelnde Burg; es war, als erzitterten bei jedem Schritt die Grundfesten der Erde. Hans führte ihn eine ganze Weile an der Nase herum, damit die Fräulein und Herren zusehen konnten; aber schließlich lief er, um ein Ende zu machen, leichtfüßig über die Zugbrücke, und der Riese verfolgte ihn in vollem Lauf mit der Keule. Als er zur Mitte der Brücke kam, brach sie unter seinem Gewicht zusammen, und er stürzte kopfüber ins Wasser, und da rollte und wälzte er sich hin und her wie ein Wal. Die ganze Zeit über stand Hans neben dem Graben und lachte ihn aus; doch obwohl der Riese vor Wut über den Spott schäumte und im Graben von hier nach da platschte, konnte er nicht herauskommen und sich rächen. Zuletzt nahm Hans ein Wagenseil, warf es über die beiden Köpfe des Riesen und zog ihn mit einem Pferdegespann an Land. Dann schlug er ihm mit dem Scharfen Schwert beide Köpfe ab und schickte sie an König Artus.

Als Hans einige Zeit in Saus und Braus gelebt hatte, verabschiedete er sich von den Rittern und Fräulein und zog auf neue Abenteuer aus. Er kam durch viele Wälder, und schließlich gelangte er an den Fuß eines hohen Berges. Dort fand er spät abends ein abgelegenes Haus und klopfte an die Tür. Es öffnete ihm ein alter Mann mit schneeweißem Haar. «Gevatter», sagte Hans, «könnt Ihr einem Wanderer, der von der Nacht überrascht wurde und den Weg verloren hat Herberge gewähren?»

«Ja», sagte der alte Mann, «Ihr seid mir herzlich willkommen in meiner armseligen Hütte.»

Darauf trat Hans ein, sie setzten sich zusammen nieder, und der alte Mann begann wie folgt zu sprechen: «Mein Sohn, ich sehe an deinem Gürtel, daß du der große Riesenbezwinger bist. Sieh, mein Sohn: Auf dem Gipfel dieses Berges hier steht ein verzaubertes Schloß. Es wird beherrscht von einem Riesen mit Namen Galligantua. Der lockt mit der Hilfe eines alten Zauberers viele Ritter und

his castle, where by magic art they are transformed into sundry shapes and forms. But above all, I grieve for a duke's daughter, whom they fetched from her father's garden, carrying her through the air in a burning chariot drawn by fiery dragons, when they secured her within the castle, and transformed her into a white hind. And though many knights have tried to break the enchantment, and work her deliverance, yet no one could accomplish it, on account of two dreadful griffins which are placed at the castle gate and which destroy every one who comes near. But you, my son, may pass by them undiscovered, where on the gates of the castle you will find engraven in large letters how the spell may be broken." Jack gave the old man his hand, and promised that in the morning he would venture his life to free the lady.

In the morning Jack arose and put on his invisible coat and magic cap and shoes, and prepared himself for the fray. Now, when he had reached the top of the mountain he soon discovered the two fiery griffins, but passed them without fear, because of his invisible coat. When he had got beyond them, he found upon the gates of the castle a golden trumpet hung by a silver chain, under which these lines were engraved:

Whoever shall this trumpet blow,
Shall soon the giant overthrow,
And break the black enchantment straight;
So all shall be in happy state.

Jack had no sooner read this but he blew the trumpet, at which the castle trembled to its vast foundations, and the giant and conjurer were in horrid confusion, biting their thumbs and tearing their hair, knowing their wicked reign was at an end. Then the giant stooping to take up his club, Jack at one blow

Fräulein auf sein Schloß, wo sie durch schwarze Kunst in allerlei Gestalten und Formen verwandelt werden. Aber am allermeisten trauere ich um eines Herzogs Tochter, die sie aus ihres Vaters Garten geholt haben, und sie fuhren sie in einer brennenden Kutsche, von feuerspeienden Drachen gezogen, durch die Luft, sperrten sie im Schloß ein und verwandelten sie in eine weiße Hindin. Und obwohl viele Ritter versucht haben, den Zauber zu brechen und sie zu erlösen, hat es bisher dennoch keiner von ihnen vollbringen können: Denn es sitzen zwei schreckliche Greife am Schloßtor und bringen jeden um, der sich ihnen nähert. Du aber, mein Sohn, kannst unbemerkt an ihnen vorbeikommen, und du wirst dort am Schloßtor in großen Lettern eingemeißelt finden, wie der Bann gebrochen werden kann.» Hans gab dem alten Mann die Hand und versprach, am anderen Morgen sein Leben zu wagen, um das Fräulein zu befreien.

Am Morgen stand Hans auf, zog den Tarnmantel, die Zauberkappe und die Schuhe an und rüstete sich zum Kampf. Als er nun auf dem Gipfel des Berges angekommen war, wurde er bald der beiden Greife ansichtig, doch dank seinem Tarnmantel ging er ohne Furcht an ihnen vorüber. Sobald er an ihnen vorbei war, fand er am Schloßtor eine goldene Trompete, die an einer silbernen Kette hing. Unter ihr waren die folgenden Zeilen eingemeißelt:

Wer je in die Trompete stößt,
besiegt den Riesen hier sofort.
Der schwarze Zauber wird gelöst
und glücklich wieder dieser Ort.

Kaum hatte Hans das gelesen, stieß er schon in die Trompete, und das Schloß erzitterte bis in die ausgedehnten Grundfesten. Der Riese und der Zauberer gerieten in schreckliche Verwirrung, bissen sich in die Daumen und rauften sich die Haare, denn sie wußten, ihre böse Herrschaft hatte nun ein Ende. Dann bückte sich der Riese,

cut off his head; whereupon the conjurer, mounting up into the air, was carried away in a whirlwind. Then the enchantment was broken, and all the lords and ladies who had so long been transformed into birds and beasts returned to their proper shapes, and the castle vanished away in a cloud of smoke. This being done, the head of Galligantua was likewise, in the usual manner, conveyed to the Court of King Arthur, where, the very next day, Jack followed, with the knights and ladies who had been delivered. Whereupon, as a reward for his good services, the king prevailed upon the duke to bestow his daughter in marriage on honest Jack. So married they were, and the whole kingdom was filled with joy at the wedding. Furthermore, the king bestowed on Jack a noble castle, with a very beautiful estate thereto belonging, where he and his lady lived in great joy and happiness all the rest of their days.

seine Keule aufzuheben, doch Hans hieb ihm mit einem Streich den Kopf ab. Der Zauberer fuhr in die Luft und wurde von einem Wirbelsturm fortgetragen. Da war der Zauber gebrochen, und all die Herren und Fräulein, die so lange in Vögel und kriechendes Getier verwandelt gewesen waren, gewannen ihre wahre Gestalt wieder, und das Schloß verschwand in einer Rauchwolke. Schließlich wurde der Kopf von Galligantua in der gewohnten Weise an den Hof von König Artus überbracht, wohin Hans gleich am nächsten Tag folgte, zusammen mit den erlösten Rittern und Damen. Der König bewog den Herzog, seine Tochter dem rechtschaffenen Hans als Lohn für seine treuen Dienste zur Frau zu geben. So wurden sie vermählt, und das ganze Königreich war voller Freude über die Hochzeit. Überdies schenkte der König Hans noch ein prächtiges Schloß und ein wunderschönes Gut dazu, und dort lebten er und seine Frau glücklich und zufrieden bis ans Ende ihrer Tage.

beschließen, beschloß   decide

Once upon a time, and a very good time it was, though it wasn't in my time, nor in your time, nor any one else's time, there was a girl whose mother had died, and her father had married again. And her stepmother hated her because she was more beautiful than herself, and she was very cruel to her. She used to make her do all the servant's work, and never let her have any peace. At last, one day, the stepmother thought to get rid of her altogether; so she handed her a sieve and said to her: "Go, fill it at the Well of the World's End and bring it home to me full, or woe betide you." For she thought she would never be able to find the Well of the World's End, and, if she did, how could she bring home a sieve full of water?

Well, the girl started off, and asked every one she met to tell her where was the Well of the World's End. But nobody knew, and she didn't know what to do, when a queer little old woman, all bent double, told her where it was, and how she could get to it. So she did what the old woman told her, and at last arrived at the Well of the World's End. But when she dipped the sieve in the cold, cold water, it all ran out again. She tried and she tried again, but every time it was the same; and at last she sate down and cried as if her heart would break.

Der Brunnen am Ende der Welt

Es war einmal – und zwar zu einer sehr guten Zeit, obwohl es weder zu meiner Zeit war, noch zu deiner, noch zu der Zeit von irgendjemandem sonst – es war also einmal ein Mädchen, dessen Mutter gestorben war und dessen Vater wieder geheiratet hatte. Die Stiefmutter haßte das Kind, weil es schöner war als sie, und behandelte es sehr grob. Sie ließ es immer die Arbeit der Mägde verrichten und gönnte ihm keine Ruhe. Eines Tages endlich beschloß die Stiefmutter, das Mädchen ganz und gar loszuwerden: Sie gab ihr ein Sieb und sagte: «Geh, fülle es im Brunnen am Ende der Welt und bring es mir gefüllt wieder, sonst wehe dir!» Denn sie dachte, daß das Mädchen den Brunnen am Ende der Welt nie finden würde, und wenn es ihr doch gelänge, wie könnte sie denn ein Sieb voll Wasser nach Hause bringen?

Nun, das Mädchen zog los und bat jeden, dem sie begegnete, ihr zu sagen, wo der Brunnen am Ende der Welt sei. Aber niemand wußte es, und sie war ratlos, was sie tun solle, bis ihr endlich eine wunderliche bucklige alte Frau sagte, wo er sei und wie sie ihn finden könne. So tat sie, wie die alte Frau ihr geraten hatte und kam endlich zum Brunnen am Ende der Welt. Aber als sie das Sieb in das kalte, kalte Wasser tauchte, lief alles wieder hinaus. Sie versuchte es immer und immer wieder, aber es war immer dasselbe. Schließlich setzte sie sich hin und weinte, als ob ihr das Herz brechen wollte.

Suddenly she heard a croaking voice, and she looked up and saw a great frog with goggle eyes looking at her and speaking to her.

"What's the matter, dearie?" it said.

"Oh dear, oh dear," she said, "my stepmother has sent me all this long way to fill this sieve with water from the Well of the World's End, and I can't fill it no how at all."

"Well," said the frog, "if you promise me to do whatever I bid you for a whole night long, I'll tell you how to fill it."

So the girl agreed, and then the frog said:

"Stop it with moss and daub it with clay,
And then it will carry the water away;"

and then it gave a hop, skip and jump, and went flop into the Well of the World's End.

So the girl looked about for some moss, and lined the bottom of the sieve with it, and over that she put some clay, and then she dipped it once again into the Well of the World's end; and this time, the water didn't run out, and she turned to go away.

Just then the frog popped up its head out of the Well of the World's End, and said: "Remember your promise."

"All right," said the girl; for thought she, "what harm can a frog do me?"

So she went back to her stepmother, and brought the sieve full of water from the Well of the World's End. The stepmother was angry as angry, but she said nothing at all.

That very evening they heard something tap tapping at the door low down, and a voice cried out:

Open the door, my hinny, my heart,
Open the door, my own darling;
Mind you the words that you and I spoke,
Down in the meadow, at the World's End Well.

Plötzlich hörte sie eine Stimme quaken, und sie sah auf und erblickte einen großen Frosch, der sie mit seinen Glotzaugen anschaute und zu ihr sprach.

«Was ist denn los, liebes Kind?» fragte er.

«Oh weh, oh weh», sagte sie, «meine Stiefmutter hat mich den ganzen Weg hierher geschickt, um dieses Sieb mit Wasser vom Brunnen am Ende der Welt zu füllen, und ich bekomme es beim besten Willen nicht voll.»

«Nun», sagte der Frosch, «wenn du mir versprichst, eine Nacht lang alles zu tun, um was ich dich bitte, dann werde ich dir sagen, wie du das Sieb füllen kannst.»

Das Mädchen versprach das, und der Frosch sagte:

«Mit Moos es verstopf, mit Lehm es verschmier,
so bringst du das Wasser nach Hause von hier»

und machte einen Hopser, Hüpfer und Sprung und war, plumps, im Brunnen am Ende der Welt verschwunden.

Das Mädchen suchte also etwas Moos und bedeckte damit den Boden des Siebs, und darüber schmierte sie ein bißchen Lehm, und dann tauchte sie das Sieb noch einmal in den Brunnen am Ende der Welt. Jetzt lief das Wasser nicht mehr hinaus, und sie wandte sich zum Gehen.

Gerade da steckte der Frosch seinen Kopf aus dem Brunnen am Ende der Welt und sagte: «Denk an dein Versprechen.»

«Ist gut», sagte das Mädchen. Sie dachte nämlich: «Was kann mir ein Frosch schon antun?»

So ging sie zurück zu ihrer Stiefmutter und brachte das Sieb voll mit dem Wasser vom Brunnen am Ende der Welt. Die Stiefmutter platzte fast vor Wut, aber sie sagte nichts.

Genau an dem Abend hörten sie ein Klopfen unten an der Tür, und eine Stimme rief:

«Öffne die Tür, mein Schatz, mein Herz,
Öffne die Tür, mein Liebling;
denk an die Worte, die du und ich sprachen
unten auf der Wiese beim Brunnen am Ende der Welt.»

"Whatever can that be?" cried out the stepmother, and the girl had to tell her all about it, and what she had promised the frog.

"Girls must keep their promises," said the stepmother. "Go and open the door this instant." For she was glad the girl would have to obey a nasty frog.

So the girl went and opened the door, and there was the frog from the Well of the World's End. And it hopped, and it hopped, and it jumped, till it reached the girl, and then it said:

Lift me to your knee, my hinny, my heart;
Lift me to your knee, my own darling;
Remember the words you and I spoke,
Down in the meadow by the World's end Well.

But the girl didn't like to, till her stepmother said: "Lift it up this instant, you hussy! Girls must keep their promises!"

So at last she lifted the frog up on to her lap, and it lay there for a time, till at last it said:

Give me some supper, my hinny, my heart,
Give me some supper, my darling;
Remember the words you and I spake,
In the meadow, by the Well of the World's End.

Well, she didn't mind doing that, so she got it a bowl of milk and bread, and fed it well. And when the frog had finished, it said:

Go with me to bed, my hinny, my heart,
Go with me to bed, my own darling;
Mind you the words you spake to me,
Down by the cold well, so weary.

But that the girl wouldn't do, till her stepmother said: "Do what you promised, girl; girls must keep their promises. Do what you're bid, or out you go, you and your froggie."

«Was kann das bloß sein?» rief die Stiefmutter, und das Mädchen mußte ihr alles erklären und auch, was sie dem Frosch versprochen hatte.

«Mädchen müssen ihr Wort halten», sagte die Stiefmutter. «Geh sofort und öffne die Tür.» Sie freute sich, daß das Mädchen einem häßlichen Frosch gehorchen müßte.

Also ging das Mädchen und öffnete die Tür, und da stand der Frosch vom Brunnen am Ende der Welt. Und er hüpfte, und er hüpfte, und er sprang, bis er beim Mädchen angelangt war, und dann sagte er:

«Nimm mich auf deine Knie, mein Schatz, mein Herz,
nimm mich auf deine Knie, mein Liebling;
erinnere dich an die Worte, die du und ich sprachen,
unten auf der Wiese, beim Brunnen am Ende der Welt.»

Aber das Mädchen wollte nicht, bis ihre Stiefmutter sagte: «Heb ihn sofort hoch, du Balg! Mädchen müssen ihr Wort halten!»

So nahm sie denn endlich den Frosch auf ihren Schoß, und dort hockte er eine Weile, bis er schließlich sagte:

«Gib mir zu essen, mein Schatz, mein Herz,
gib mir zu essen, mein Liebling;
erinnere dich an die Worte, die du und ich sprachen,
auf der Wiese beim Brunnen am Ende der Welt.»

Das machte ihr nun nichts aus: Sie holte eine Schüssel mit Milch und Brot und fütterte ihn gut. Und als der Frosch fertig gegessen hatte, sagte er:

«Geh ins Bett mit mir, mein Schatz, mein Herz,
geh ins Bett mit mir, mein Liebling;
denk an die Worte, die du zu mir sprachst,
unten beim kalten Brunnen, so verzweifelt.»

Das wollte das Mädchen nun auf keinen Fall, bis die Stiefmutter sagte: «Tu, was du versprochen hast, Kind. Mädchen müssen ihr Wort halten. Tu, um was du gebeten bist, oder verlaß das Haus samt deinem Frosch.»

So the girl took the frog with her to bed, and kept it as far away from her as she could. Well, just as the day was beginning to break what should the frog say but:

Chop off my head, my hinny, my heart,
Chop off my head, my own darling;
Remember the promise you made to me,
Down by the cold well so weary.

At first the girl wouldn't, for she thought of what the frog had done for her at the Well of the World's End. But when the frog said the words over again, she went and took an axe and chopped off its head, and lo! and behold, there stood before her a handsome young prince, who told her that he had been enchanted by a wicked magician, and he could never be unspelled till some girl would do his bidding for a whole night, and chop off his head at the end of it.

The stepmother was surprised indeed when she found the young prince instead of the nasty frog, and she wasn't best pleased, you may be sure, when the prince told her that he was going to marry her stepdaughter because she had unspelled him. But married they were, and went away to live in the castle of the king, his father, and all the stepmother had to console her was, that it was all through her that her stepdaughter was married to a prince.

Also nahm das Mädchen den Frosch mit zu sich ins Bett und hielt ihn so weit von sich weg wie sie konnte. Nun – gerade als der Morgen dämmerte – was konnte da der Frosch anderes sagen, als:

«Hau mir den Kopf ab, mein Schatz, mein Herz,
hau mir den Kopf ab, mein Liebling;
erinnere dich an das Versprechen, das du mir gabst,
unten beim kalten Brunnen, so verzweifelt.»

Zuerst wollte das Mädchen das nicht, denn sie dachte daran, was der Frosch für sie beim Brunnen am Ende der Welt getan hatte. Aber als der Frosch seine Worte wiederholte, ging sie und holte eine Axt und hieb ihm den Kopf ab – und siehe da, ein schöner junger Prinz stand vor ihr, der ihr erzählte, er sei von einem bösen Zauberer verzaubert gewesen und habe nicht eher erlöst werden können, als bis ein Mädchen seine Bitten eine Nacht lang erfüllen und ihm zuletzt den Kopf abschlagen würde.

Die Stiefmutter war wirklich überrascht, als sie den jungen Prinzen statt des häßlichen Frosches vorfand, und sie war nicht eben erfreut – das kannst du glauben – als der Prinz ihr erklärte, er wolle ihre Stieftochter heiraten, weil sie ihn erlöst habe. Aber sie heirateten und zogen in das Schloß des Königs, seines Vaters, und alles, womit sich die Stiefmutter trösten konnte, war, daß ihre Stieftochter nur durch ihr Zutun einen Prinzen hatte heiraten können.

- e Art - en typ sort
- e Kapuze - n hood
- r Umhang - e cape

Well, there was once a very rich gentleman, and he'd three daughters, and he thought he'd see how fond they were of him. So he says to the first, "How much you love me, my dear?"

"Why," says she, "as I love my life."

"That's good," says he.

So he says to the second, "How much do *you* love me, my dear?"

"Why," says she, "better nor all the world."

"That's good," says he.

So he says to the third, "How much do *you* love me, my dear?"

"Why, I love you as fresh meat loves salt," says she.

Well, but he was angry. "You don't love me at all," says he, "and in my house you stay no more." So he drove her out there and then, and shut the door in her face.

Well, she went away on and on till she came to a fen, and there she gathered a lot of rushes and made them into a kind of a sort of a cloak with a hood, to cover her from head to foot, and to hide her fine clothes. And then she went on and on till she came to a great house.

40 "Do you want a maid?" says she.

41 "No, we don't," said they.

Binsenkappe

Es war einmal ein sehr reicher Edelmann, der hatte drei Töchter, und er dachte, er wolle einmal prüfen, wie lieb sie ihn hätten. Also sagt er zu der ersten: «Wie sehr liebst du mich, mein Liebling?»

«Nun», sagt sie, «so, wie ich mein Leben liebe.»

«Das ist gut», sagt er.

Dann sagt er zu der Zweiten: «Wie sehr liebst *du* mich, mein Liebling?»

«Nun», sagt sie, «mehr als die ganze Welt.»

«Das ist gut», sagt er.

Schließlich sagt er zu der Dritten: «Wie sehr liebst *du* mich, mein Liebling?»

«Nun, ich liebe dich so, wie der frische Braten das Salz liebt», sagt sie. *at all*

Da war er aber <u>wütend</u>. «Du liebst mich <u>überhaupt</u> nicht», sagt er, «und du darfst nicht länger in meinem Haus wohnen.» Also warf er sie am selben Tag hinaus und schlug ihr die Tür vor der Nase zu.

Da ging sie fort, so weit, bis sie zu einem Moor kam, und dort sammelte sie viele Binsen und machte sich daraus eine Art Umhang mit Kapuze, der sie von Kopf bis Fuß verhüllen und ihre feinen Kleider verbergen sollte. Und dann ging sie weiter, bis sie zu einem großen Haus kam.

«Braucht ihr eine Magd?» fragte sie.

«Nein, wir brauchen keine», antworteten die Leute.

"I haven't nowhere to go," says she; "and I ask no wages, and do any sort of work," says she.

"Well," said they, "if you like to wash the pots and scrape the saucepans you may stay," said they.

So she stayed there and washed the pots and scraped the saucepans and did all the dirty work. And because she gave no name they called her "Cap o' Rushes".

Well, one day there was to be a great dance a little way off, and the servants were allowed to go and look on at the grand people. Cap o' Rushes said she was too tired to go, so she stayed at home.

But when they were gone she offed with her cap o' rushes, and cleaned herself, and went to the dance. And no one there was so finely dressed as she.

Well, who should be there but her master's son, and what should he do but fall in love with her the minute he set eyes on her. He wouldn't dance with any one else.

But before the dance was done Cap o' Rushes slipt off, and away she went home. And when the other maids came back she was pretending to be asleep with her cap o' rushes on.

Well, next morning they said to her, "You did miss a sight, Cap o' Rushes!"

"What was that?" says she.

"Why, the beautifullest lady you ever see, dressed right gay and ga'. The young master, he never took his eyes off her."

"Well, I should have liked to have seen her," says Cap o' Rushes.

"Well, there's to be another dance this evening, and perhaps she'll be there."

But, come the evening, Cap o' Rushes said she was too tired to go with them. Howsoever, when they were gone she offed with her cap o' rushes and cleaned herself, and away she went to the dance.

«Ich habe keine Bleibe», sagte sie, «und ich verlange keinen Lohn, und ich mache alles, was man von mir verlangt.»

«Nun», sagten die Leute, «wenn du die Töpfe spülen und die Pfannen scheuern willst, kannst du bleiben.»

So blieb sie und spülte die Töpfe und scheuerte die Pfannen und machte alle schmutzigen Arbeiten. Und weil sie ihren Namen nicht gesagt hatte, nannte man sie «Binsenkappe».

Eines Tages wurde in der Nähe ein großer Ball gegeben, und die Diener durften auch hingehen, um den vornehmen Leuten zuzuschauen. Binsenkappe sagte, sie sei zu müde, um mitzugehen und blieb zu Hause.

Aber als die anderen fortgegangen waren, zog sie ihren Binsenumhang aus, wusch sich und ging zum Ball. Und keine war so vornehm angezogen wie sie.

Nun – wer war da wohl? Niemand anderes als der Sohn ihres Herrn. Und was tat er wohl? Nichts anderes als sich in sie zu verlieben, kaum daß er sie erblickte. Er wollte mit keiner anderen tanzen.

Aber bevor der Ball zu Ende war, schlüpfte Binsenkappe hinaus und ging nach Hause. Und als die anderen Mägde nach Hause kamen, tat sie so, als schliefe sie unter ihrem Binsenumhang.

Am nächsten Morgen sagten die Leute zu ihr: «Du hast etwas Wunderschönes verpaßt, Binsenkappe.»

«Was war das?» fragte sie.

«Nun, die schönste Dame, die du je gesehen hast, glänzend und fein gekleidet. Der junge Herr konnte seine Augen nicht von ihr wenden.»

«Ich hätte sie gerne gesehen», sagte Binsenkappe.

«Heute abend ist wieder ein Ball und vielleicht ist sie dann dort.»

Aber als der Abend da war, sagte Binsenkappe, sie sei zu müde, um mit ihnen zu gehen. Wie auch immer, als sie fort waren, zog sie ihren Binsenumhang aus, wusch sich und ging zum Ball.

verpassen   -   miss

The master's son had been reckoning on seeing her, and he danced with no one else, and never took his eyes off her. But, before the dance was over, she slipt off, and home she went, and when the maids came back she pretended to be asleep with her cap o' rushes on.

Next day they said to her again, "Well, Cap o' Rushes, you should ha' been there to see the lady. There she was again, gay and ga', and the young master he never took his eyes off her."

"Well, there," says she, "I should ha' liked to ha' seen her."

"Well," says they, "there's a dance again this evening, and you must go with us, for she's sure to be there."

Well, come this evening, Cap o' Rushes said she was too tired to go, and do what they would she stayed at home. But when they were gone she offed with her cap o' rushes and cleaned herself, and away she went to the dance.

The master's son was rarely glad when he saw her. He danced with none but her and never took his eyes off her. When she wouldn't tell him her name, nor where she came from, he gave her a ring and told her if he didn't see her again he should die.

Well, before the dance was over, off she slipped, and home she went, and when the maids came home she was pretending to be asleep with her cap o' rushes on.

Well, next day they says to her, "There, Cap o' Rushes, you didn't come last night, and now you won't see the lady, for there's no more dances."

"Well I should have rarely liked to have seen her," says she.

The master's son he tried every way to find out where the lady was gone, but go where he might, and ask whom he might, he never heard anything

Der Sohn des Edelmanns hatte schon gehofft, sie wieder zu sehen, und er tanzte mit keiner anderen und wandte den Blick nicht von ihr. Aber bevor der Ball zu Ende war, schlüpfte sie hinaus und ging nach Hause, und als die Mägde zurückkamen, tat sie so, als schliefe sie unter ihrem Binsenumhang.

Am nächsten Tag sagten sie wieder zu ihr: «Nun, Binsenkappe, du hättest dabei sein sollen, um die Dame zu sehen. Sie war wieder da, glänzend und fein, und der junge Herr wandte seine Augen nicht von ihr.»

«Ja, ich hätte sie schon gerne gesehen», sagte Binsenkappe.

«Also – heute abend ist wieder ein Ball», sagten sie, «und du mußt mit uns kommen, denn sie wird sicher dort sein.»

Am Abend dann sagte Binsenkappe, sie sei zu müde, um zu gehen, und sie konnten machen was sie wollten, sie blieb zu Hause. Aber als sie fort waren, zog sie ihren Binsenumhang aus, wusch sich und ging zum Ball.

Der Sohn des Edelmanns war wirklich sehr froh, als er sie sah. Er tanzte mit keiner anderen und wandte die Augen nicht von ihr. Als sie ihm ihren Namen nicht sagen wollte und auch nicht, woher sie kam, gab er ihr einen Ring und sagte zu ihr, er werde sterben, wenn er sie nicht wiedersehen könne.

Nun, bevor der Ball zu Ende war, schlüpfte sie hinaus und ging nach Hause, und als die Mägde zurückkamen, tat sie so, als schliefe sie unter ihrem Binsenumhang.

Am nächsten Tag sagten die Mägde zu ihr: «Binsenkappe, du bist gestern abend nicht gekommen, und jetzt wirst du die Dame nicht sehen, weil keine Bälle mehr gegeben werden.»

«Ich hätte sie schon wirklich sehr gern gesehen», sagte sie.

Der Sohn des Edelmannes tat alles, um herauszubekommen, wohin die Dame gegangen war, aber wohin er auch ging und wen er auch fragte, er konnte nichts über

about her. And he got worse and worse for the love of her till he had to keep his bed.

"Make some gruel for the young master," they said to the cook. "He's dying for the love of the lady." The cook she set about making it when Cap o' Rushes came in.

"What are you a-doing of?" says she.

"I'm going to make some gruel for the young master," says the cook, "for he's dying for love of the lady."

"Let me make it," says Cap o' Rushes.

Well, the cook wouldn't at first, but at last she said yes, and Cap o' Rushes made the gruel. And when she had made it she slipped the ring into it on the sly before the cook took it upstairs.

The young man he drank it and then he saw the ring at the bottom.

"Send for the cook," says he.

So up she comes.

"Who made this gruel here?" says he.

"I did," says the cook, for she was frightened.

And he looked at her.

"No, you didn't," says he. "Say who did it, and you shan't be harmed."

"Well, then, 'twas Cap o' Rushes," says she.

"Send Cap o' Rushes here," says he.

So Cap o' Rushes came.

"Did you make my gruel?" says he.

"Yes, I did," says she.

"Where did you get this ring?" says he.

"From him that gave it me," says she.

"Who are you, then?" says the young man.

"I'll show you," says she. And she offed with her cap o' rushes, and there she was in her beautiful clothes.

Well, the master's son he got well very soon, and they were to be married in a little time. It was to be

sie erfahren. Und es ging ihm von Tag zu Tag schlechter aus lauter Liebe zu ihr, bis er das Bett hüten mußte.

«Mach etwas Haferschleim für den jungen Herrn», sagten sie zu der Köchin. «Er vergeht vor Liebe zu der Dame.» Die Köchin war gerade dabei, ihn zuzubereiten, als Binsenkappe hereinkam.

«Was machst du da?» fragte sie.

«Ich mache eben etwas Haferschleim für den jungen Herrn», sagte die Köchin, «er vergeht vor Liebe zu der Dame.»

«Laß mich das machen», sagte Binsenkappe.

Zuerst wollte die Köchin nicht, doch endlich sagte sie dann doch ja, und Binsenkappe bereitete den Haferschleim. Und als sie ihn fertig hatte, ließ sie heimlich den Ring hineingleiten, bevor die Köchin alles hinauftrug.

Der junge Mann trank die Suppe und sah dann den Ring am Boden.

«Holt mir die Köchin.» sagte er.

Also kommt sie herauf.

«Wer hat diesen Haferschleim gekocht?» fragt er.

«Ich», sagt die Köchin, denn sie fürchtete sich.

Er sah sie an.

«Nein, das hast du nicht», sagt er. «Sag, wer ihn gemacht hat, und es soll dir nichts geschehen.»

«Nun denn, es war Binsenkappe», sagt sie.

«Schick Binsenkappe zu mir», sagt er.

Also kam Binsenkappe.

«Hast du meinen Haferschleim gekocht?» fragt er.

«Ja», sagt sie.

«Woher hast du diesen Ring?» fragt er.

«Von dem, der ihn mir gegeben hat», antwortet sie.

«Wer bist du denn dann?» fragte der junge Mann.

«Ich will es dir zeigen», sagt sie. Und sie zog ihren Binsenumhang aus und stand da in ihren schönen Kleidern.

Da wurde der Sohn des Edelmanns schnell wieder gesund, und sie beschlossen, bald zu heiraten. Es sollte eine

a very grand wedding, and every one was asked far and near. And Cap o' Rushes' father was asked. But she never told anybody who she was.

But before the wedding she went to the cook, and says she:

"I want you to dress every dish without a mite o' salt."

"That'll be rare nasty," says the cook.

"That doesn't signify," says she.

"Very well," says the cook.

Well, the wedding-day came, and they were married. And after they were married all the company sat down to the dinner. When they began to eat the meat, it was so tasteless they couldn't eat it. But Cap o' Rushes' father tried first one dish and then another, and then he burst out crying.

"What is the matter?" said the master's son to him.

"Oh!" says he, "I had a daughter. And I asked her how much she loved me. And she said, 'As much as fresh meat loves salt.' And I turned her from my door, for I thought she didn't love me. And now I see she loved me best of all. And she may be dead for aught I know."

"No, father, here she is!" says Cap o' Rushes. And she goes up to him and puts her arms round him.

And so they were all happy ever after.

ganz große Hochzeit werden und alle Welt aus nah und fern wurde eingeladen. Auch Binsenkappes Vater wurde eingeladen. Aber sie erzählte keinem, wer er war.

Vor der Hochzeit aber geht sie zur Köchin und sagt zu ihr:

«Ich möchte, daß du alle Speisen ohne auch nur ein Körnchen Salz zubereitest.»

«Das wird gräßlich schmecken», sagt die Köchin.

«Das macht nichts», sagt sie.

«Also gut», sagt die Köchin.

Der Hochzeitstag kam und sie heirateten. Und nach der Trauung setzte sich die ganze Gesellschaft zum Essen. Als sie zum Fleisch kamen, war dieses so fade, daß sie es nicht essen konnten. Aber Binsenkappes Vater versuchte zuerst das eine Gericht und dann ein anderes, und dann brach er in Tränen aus.

«Was ist denn los?» fragte ihn der Sohn des Edelmanns.

«Oh», sagte er, «ich hatte eine Tochter. Und ich fragte sie, wie sehr sie mich liebte. Und sie antwortete ‹so sehr wie frischer Braten das Salz liebt›. Und ich jagte sie vor die Tür, weil ich dachte, sie liebte mich nicht. Und nun sehe ich, sie liebte mich am meisten von allen. Und soviel ich weiß, ist sie tot.»

«Nein, Vater, hier ist sie!» sagt Binsenkappe. Und sie geht zu ihm und umarmt ihn.

Und so lebten sie glücklich bis an ihr Lebensende.

- s Körnchen - granule
- e Trauung -en wedding ceremony
- s Gericht -e dish (meal)
  ausbrechen - break out
- e Träne -n tears

Once upon a time, and be sure 'twas a long time ago, there lived a poor woodman in a great forest, and every day of his life he went out to fell timber. So one day he started out, and the goodwife filled his wallet and slung his bottle on his back, that he might have meat and drink in the forest. He had marked out a huge old oak, which, thought he, would furnish many and many a good plank. And when he was come to it, he took his axe in his hand and swung it round his head as though he were minded to fell the tree at one stroke. But he hadn't given one blow, when what should he hear but the pitifullest entreating, and there stood before him a fairy who prayed and beseeched him to spare the tree. He was dazed, as you may fancy, with wonderment and affright, and he couldn't open his mouth to utter a word. But he found his tongue at last, and, "Well," said he, "I'll e'en do as thou wishest."

"You've done better for yourself than you know," answered the fairy, "and to show I'm not ungrateful, I'll grant you your next three wishes, be they what they may." And therewith the fairy was no more to be seen, and the woodman slung his wallet over his shoulder and his bottle at his side, and off he started home.

Die drei Wünsche

Es war einmal – und du kannst sicher sein, daß es vor langer Zeit war – also es war einmal ein armer Holzfäller, der lebte in einem großen Wald, und sein ganzes Leben lang ging er jeden Tag zum Bäumefällen. Eines Tages brach er wie gewöhnlich auf, und die Hausfrau packte ihm den Ranzen und hängte ihm die Flasche um, damit es ihm im Wald an Speise und Trank nicht fehle. Er hatte eine große, alte Eiche ausersehen, die, so meinte er, viele, viele gute Bretter hergeben würde. Und als er bei ihr angelangt war, nahm er seine Axt in die Hand und schwang sie über seinem Kopf, als wolle er den Baum mit einem Hieb fällen. Aber er hatte noch keinen Schlag getan, als er das jämmerlichste Bitten hören konnte, und da stand eine Fee vor ihm, die ihn anflehte und bat, den Baum zu verschonen. Er war – wie du dir vorstellen kannst – wie betäubt vor Staunen und Schrecken und brachte kein Wort heraus. Aber schließlich fand er seine Sprache wieder und sagte: «Ich will alles tun, was du wünschst.»

«Du hast dir selber einen größeren Gefallen getan, als du weißt», antwortete die Fee, «und um dir zu beweisen, daß ich nicht undankbar bin, werde ich dir deine nächsten drei Wünsche erfüllen, welcher Art sie auch sein mögen.» Und damit war die Fee nicht mehr zu sehen, und der Holzfäller schwang seinen Ranzen über die Schulter und hängte sich die Flasche um und machte sich auf den Weg nach Hause.

But the way was long, and the poor man was regularly dazed with the wonderful thing that had befallen him, and when he got home there was nothing in his noddle but the wish to sit down and rest. Maybe, too, 'twas a trick of the fairy's. Who can tell? Anyhow down he sat by the blazing fire, and as he sat he waxed hungry, though it was a long way off supper-time yet.

"Hasn't thou naught for supper, dame?" said he to his wife.

"Nay, not for a couple of hours yet," said she.

"Ah!" groaned the woodman, "I wish I'd a good link of black pudding here before me."

No sooner had he said the word, when clatter, clatter, rustle, rustle, what should come down the chimney but a link of the finest black pudding the heart of man could wish for.

If the woodman stared, the goodwife stared three times as much. "What's all this?" says she.

Then all the morning's work came back to the woodman, and he told his tale right out, from beginning to end, and as he told it the goodwife glowered and glowered, and when he had made an end of it she burst out, "Thou bee'st but a fool, Jan, thou bee'st but a fool; and I wish the pudding were at thy nose, I do indeed."

And before you could say Jack Robinson, there the goodman sat and his nose was the longer for a noble link of black pudding.

He gave a pull but it stuck, and she gave a pull but it stuck, and they both pulled till they had nigh pulled the nose off, but it stuck and stuck.

"What's to be done now?" said he.

"'Tisn't so very unsightly," said she, looking hard at him.

52
53
Then the woodman saw that if he wished, he must need wish in a hurry; and wish he did, that

Aber der Weg war lang und der Mann war ordentlich benommen von dem wunderbaren Ereignis, das ihm zugestoßen war, und als er heimkam, hatte er nur den einen Wunsch, zu sitzen und sich auszuruhen. Vielleicht war es ja auch eine List von der Fee – wer weiß? Wie dem auch sei, er setzte sich neben das prasselnde Feuer, und als er so saß, wurde er hungrig, obwohl es noch eine ganze Weile bis zum Abendessen dauerte.

«Hast du denn nichts zum Abendessen, Frau?» sagte er zu seiner Frau.

«Nein, nicht eher als in zwei Stunden», sagte sie.

«Ah», stöhnte der Holzfäller, «ich wünschte, ich hätte ein anständiges Stück Blutwurst hier vor mir liegen.»

Kaum hatte er das gesagt, was konnte da – klapper, klapper, ratter, ratter – anderes den Kamin herunterkommen als eine Blutwurst, so fein, wie man sie sich nur wünschen mag?

Wenn der Holzfäller die Augen aufriß, so riß die Frau sie dreimal so weit auf. «Was soll denn das?» fragte sie.

Da kam dem Holzfäller wieder die Sache von heute morgen in den Sinn, und er erzählte die Geschichte richtig von Anfang bis Ende; wie er so erzählte, schaute seine Frau immer finsterer drein, und als er fertig war, platzte sie heraus: «Was bist du für ein Dummkopf, Jan, was bist du bloß für ein Dummkopf; und ich wollte, die Wurst wäre an deiner Nase, ich wollte es wirklich.»

Und bevor du einmal hättest Jack Robinson sagen können, saß der Mann da, und seine Nase war um ein gutes Stück Blutwurst länger.

Er zog, aber es saß fest, und sie zog, aber es saß fest, und sie beide zogen, bis sie fast die Nase abgerissen hätten, aber es hing fest.

«Was soll man da nun machen?» fragte er.

«Das ist nicht so sehr schwierig», sagte sie und sah ihn streng an.

Da sah der Holzfäller ein, daß er, wenn er etwas wünschen wolle, es bald wünschen müsse, und so wünschte

the black pudding might come off his nose. Well! there it lay in a dish on the table, and if the good-man and goodwife didn't ride in a golden coach, or dress in silk and satin, why they had at least as fine a black pudding for their supper as the heart of man could desire.

er, daß die Blutwurst von seiner Nase abfiele. Siehe da!
Da lag sie auf einem Teller auf dem Tisch, und wenn der
Mann und die Frau nicht in einer goldenen Kutsche fuhren oder nicht in Samt und Seide gekleidet waren –
warum denn auch, sie hatten immerhin eine Blutwurst,
wie man sie sich köstlicher nicht wünschen kann.

In the days of the great Prince Arthur, there lived a mighty magician, called Merlin, the most learned and skilful enchanter the world has ever seen. This famous magician, who could take any form he pleased, was travelling about as a poor beggar, and being very tired, he stopped at the cottage of a ploughman to rest himself, and asked for some food. The countryman bade him welcome, and his wife, who was a very good-hearted woman, soon brought him some milk in a wooden bowl, and some coarse brown bread on a platter.

Merlin was much pleased with the kindness of the ploughman and his wife; but he could not help noticing that though everything was neat and comfortable in the cottage, they seemed both to be very unhappy. He therefore asked them why they were so melancholy, and learned that they were miserable because they had no children.

The poor woman said, with tears in her eyes: "I should be the happiest creature in the world if I had a son; although he was no bigger than my husband's thumb, I would be satisfied."

Merlin was so much amused with the idea of a boy no bigger than a man's thumb, that he determined to grant the poor woman's wish. Accordingly, in a short time after, the ploughman's wife

Die Geschichte von Tom Däumling

In den Tagen des großen Fürsten Artus lebte ein mächtiger Zauberer, der hieß Merlin. Er war der kundigste und geschickteste Hexer, den die Welt je gesehen hat. Dieser berühmte Zauberer, der jede beliebige Gestalt annehmen konnte, zog einmal als armer Bettler herum. Weil er sehr müde war, machte er an der Hütte eines Landmannes halt, um sich auszuruhen, und bat um etwas zu essen. Der Bauer hieß ihn willkommen, und seine Frau, die eine sehr gutherzige Frau war, brachte ihm gleich etwas Milch in einer Holzschale und etwas grobes dunkles Brot auf einem flachen Teller.

Merlin war sehr angetan von der Freundlichkeit des Landmannes und seiner Frau; aber er konnte sich nicht verhehlen – obgleich in der Hütte alles sauber und behaglich war –, daß die beiden unglücklich waren. Deshalb fragte er sie, warum sie so trübselig seien, und erfuhr, daß sie so arm dran waren, weil sie keine Kinder hatten.

Die arme Frau sagte mit Tränen in den Augen: «Ich wäre das glücklichste Wesen auf Erden, wenn ich einen Sohn hätte; auch wenn er nicht größer als meines Mannes Daumen wäre, wollte ich zufrieden sein.»

Merlin war so belustigt von dem Gedanken an einen Jungen, der nicht größer als ein Männerdaumen war, daß er beschloß, den Wunsch der unglücklichen Frau in Erfüllung gehen zu lassen. Also bekam kurze Zeit darauf die Frau des

had a son, who, wonderful to relate! was not a bit bigger than his father's thumb.

The queen of the fairies, wishing to see the little fellow, came in at the window while the mother was sitting up in the bed admiring him. The queen kissed the child, and, giving it the name of Tom Thumb, sent for some of the fairies, who dressed her little godson according to her orders:

An oak-leaf hat he had for his crown;
his shirt of web by spiders spun;
with jacket wove of thistle's down;
his trousers were of feathers done.
His stockings, of apple-rind, they tie
with eyelash from his mother's eye.
His shoes were made of mouse's skin,
tann'd with the downy hair within.

Tom never grew any larger than his father's thumb, which was only of ordinary size; but as he got older he became very cunning and full of tricks. When he was old enough to play with the boys, and had lost all his own cherry-stones, he used to creep into the bags of his playfellows, fill his pockets, and, getting out without their noticing him, would again join in the game.

One day, however, as he was coming out of a bag of cherry-stones, where he had been stealing as usual, the boy to whom it belonged chanced to see him.

"Ah, ah! my little Tommy," said the boy, "so I have caught you stealing my cherry-stones at last, and you shall be rewarded for your thievish tricks." On saying this, he drew the string tight round his neck, and gave the bag such a hearty shake, that poor little Tom's legs, thighs, and body were sadly bruised. He roared out with pain, and begged to be let out, promising never to steal again.

Landarbeiters einen Sohn, der – erstaunlich zu erzählen – kein bißchen größer war als der Daumen seines Vaters.

Die Elfenkönigin, die den kleinen Kerl gerne sehen wollte, kam durchs Fenster herein, während die Mutter eben aufrecht im Bett saß und ihn bewunderte. Die Königin küßte das Kind und gab ihm den Namen Tom Däumling. Zugleich schickte sie nach einigen Elfen, die ihr kleines Patenkind nach ihren Bräuchen ankleideten:

Ein Eichenblatt auf seinen Schopf,
ein Hemd aus Spinnweb, zart und sacht,
aus Distelflaum gewebt ein Rock,
aus Federn war die Büx gemacht.
Die Apfelschalen-Strümpfe banden
mit Mutters Wimpern sie zusammen.
Von Mäusefell das Schuhzeug war,
gegerbt, nach innen weiches Haar.

Tom wurde nie größer als seines Vaters Daumen, der nur die gewöhnliche Größe hatte; doch als er älter wurde, wurde er ein Schlaukopf und steckte voll dummer Streiche. Als er alt genug war, um mit anderen Jungen zu spielen, und dabei all seine Kirschkerne verloren hatte, kroch er immer in den Beutel seiner Spielgefährten, füllte seine eigenen Taschen, kletterte heraus, ohne daß sie ihn bemerkten, und beteiligte sich von neuem am Spiel.

Eines Tages aber, als er gerade aus einem Beutel mit Kirschkernen herauskroch, wo er wie immer welche gestohlen hatte, bemerkte ihn zufällig der Junge, dem der gehörte: «Aha, kleiner Tom», sagte der Junge, «hab ich dich endlich doch erwischt wie du meine Kirschkerne stiehlst; und nun sollst du für deine diebischen Streiche belohnt werden.» Während er dies sagte, zog er die Schnur um Toms Hals zu, schüttelte den Beutel so heftig, daß Beine, Schenkel und der ganze Körper des armen kleinen Tom jämmerlich zugerichtet wurden. Er schrie auf vor Schmerz, bettelte, daß man ihn frei ließe, und versprach, nie wieder zu stehlen.

A short time afterwards his mother was making a batter-pudding, and Tom, being very anxious to see how it was made, climbed up to the edge of the bowl; but his foot slipped, and he plumped over head and ears into the batter, without his mother noticing him, who stirred him into the puddingbag, and put him in the pot to boil.

The batter filled Tom's mouth, and prevented him from crying; but, on feeling the hot water, he kicked and struggled so much in the pot, that his mother thought that the pudding was bewitched, and, pulling it out of the pot, she threw it outside the door. A poor tinker, who was passing by, lifted up the pudding, and, putting it into his budget, he then walked off. As Tom had now got his mouth cleared of the batter, he then began to cry aloud, which so frightened the tinker that he flung down the pudding and ran away.

The pudding being broke to pieces by the fall, Tom crept out covered all over with the batter, and walked home. His mother, who was very sorry to see her darling in such a woeful state, put him into a teacup, and soon washed off the batter; after which she kissed him, and laid him in bed.

Soon after the adventure of the pudding, Tom's mother went to milk her cow in the meadow, and she took him along with her. As the wind was very high, for fear of being blown away, she tied him to a thistle with a piece of fine thread. The cow soon observed Tom's oak-leaf hat, and liking the appearance of it, took poor Tom and the thistle at one mouthful. While the cow was chewing the thistle Tom was afraid of her great teeth, which threatened to crush him in pieces, and he roared out as loud as he could: "Mother, mother!"

"Where are you, Tommy, my dear Tommy?" said his mother.

Kurze Zeit darauf machte seine Mutter gerade einen Rührpudding, und Tom, sehr begierig zu sehen, wie der gemacht wurde, kletterte auf den Rand der Schüssel. Aber er rutschte aus und plumpste kopfüber in den Teig, ohne daß seine Mutter es merkte; sie rührte ihn mit in den Pudding und stellte ihn mit der Form in den Topf zum Kochen.

Der Mehlteig stopfte Toms Mund zu und hinderte ihn am Schreien; aber als er das heiße Wasser spürte, stieß und tobte er so im Topf herum, daß seine Mutter dachte, der Pudding sei verhext. Sie zog ihn aus dem Kochtopf und warf ihn vor die Tür. Ein armer Kesselflicker, der gerade vorbeikam, hob den Pudding auf, steckte ihn in seine Tasche und ging weiter. Weil Tom nun seinen Mund von dem Teig befreit hatte, fing er an, laut zu schreien; das erschreckte den Kesselflicker so, daß er den Pudding hinwarf und davonlief.

Durch den Aufprall brach die Puddingform in Stücke, Tom kroch hervor, über und über mit Teig bedeckt, und ging nach Hause. Seine Mutter war sehr bekümmert, ihren Liebling in einem so jämmerlichen Zustand zu sehen; sie stellte ihn in eine Teetasse und hatte den Teig bald abgewaschen; danach gab sie ihm einen Kuß und brachte ihn ins Bett.

Bald nach dem Abenteuer mit dem Pudding ging Toms Mutter fort, um ihre Kuh auf der Weide zu melken, und sie nahm ihn mit. Weil es stürmte, fürchtete sie, er könnte weggeblasen werden, und band ihn mit einem feinen Faden an eine Distel. Bald entdeckte die Kuh das Eichenblatt auf Toms Kopf, und weil ihr der Anblick gefiel, fraß sie den armen Tom und die Distel auf einen einzigen Happs. Als die Kuh an der Distel kaute, fürchtete sich Tom vor ihren großen Zähnen, die drohten, ihn zu zerbeißen; so laut er konnte, schrie er: «Mutter, Mutter!»

«Wo bist du denn, Tom, lieber kleiner Tom?» fragte seine Mutter.

"Here, mother," replied he, "in the red cow's mouth."

His mother began to cry and wring her hands; but the cow, surprised at the odd noise in her throat, opened her mouth and let Tom drop out. Fortunately his mother caught him in her apron as he was falling to the ground, or he would have been dreadfully hurt. She then put Tom in her bosom and ran home with him.

Tom's father made him a whip of a barley straw to drive the cattle with, and having one day gone into the fields, he slipped a foot and rolled into the furrow. A raven, which was flying over, picked him up, and flew with him over the sea, and there dropped him.

A large fish swallowed Tom the moment he fell into the sea, which was soon after caught, and bought for the table of King Arthur. When they opened the fish in order to cook it, every one was astonished at finding such a little boy, and Tom was quite delighted at being free again. They carried him to the king, who made Tom his dwarf, and he soon grew a great favourite at court; for by his tricks and gambols he not only amused the king and queen, but also all the Knights of the Round Table.

It is said that when the king rode out on horseback, he often took Tom along with him, and if a shower came on, he used to creep into his majesty's waistcoat-pocket, where he slept till the rain was over.

King Arthur one day asked Tom about his parents, wishing to know if they were as small as he was, and whether they were well off. Tom told the king that his father and mother were as tall as anybody about the court, but in rather poor circumstances. On hearing this, the king carried Tom to his treasury, the place where he kept all his money, and

«Hier, Mutter», antwortete er, «im Maul der rotbunten Kuh.»

Seine Mutter fing an zu weinen und rang die Hände; doch die Kuh, von dem ungewohnten Geräusch in ihrer Kehle überrascht, öffnete ihr Maul und ließ Tom herausfallen. Zum Glück fing seine Mutter ihn mit der Schürze auf, bevor er zu Boden fiel, sonst hätte er sich schrecklich verletzt. Dann barg sie Tom an ihrer Brust und lief mit ihm nach Hause.

Der Vater machte Tom eine Peitsche aus einem Gerstenhalm, damit er Viehtreiber werden konnte. Als er eines Tages aufs Feld gegangen war, rutschte er aus und purzelte in eine Furche. Ein Rabe, der gerade vorüberflog, pickte ihn auf und flog mit ihm übers Meer, und da ließ er ihn fallen.

Ein riesiger Fisch verschluckte Tom, kaum daß er ins Wasser fiel. Der Fisch wurde bald darauf gefangen und für die Tafel von König Artus gekauft. Als man den Fisch ausnahm, um ihn zu kochen, waren alle überrascht, so einen kleinen Jungen zu finden. Tom war hoch erfreut, wieder frei zu sein. Sie brachten ihn zum König, der Tom zum Hofzwerg ernannte, und bald wurde er der erklärte Liebling am Hofe. Denn durch seine Streiche und Luftsprünge ergötzte er nicht nur den König und die Königin, sondern auch alle Ritter der Tafelrunde.

Es wird erzählt, daß der König Tom oft mitnahm, wenn er ausritt; kam ein Regenguß, dann kroch Tom immer in die Tasche vom Wams Seiner Majestät und schlief dort, bis der Regen vorüber war.

Eines Tages fragte König Artus Tom nach seinen Eltern; er wollte wissen, ob sie genau so klein seien wie Tom, und ob es ihnen gut gehe. Tom erzählte dem König, daß sein Vater und seine Mutter ebenso groß wie alle am Hofe seien, daß sie aber in recht kläglichen Umständen lebten. Als der König das hörte, trug er Tom in seine Schatzkammer, wo er all sein Geld aufbewahrte; er sagte ihm, er solle so viel Geld nehmen, wie er zu seinen Eltern

told him to take as much money as he could carry home to his parents, which made the poor little fellow caper with joy. Tom went immediately to procure a purse, which was made of a water-bubble, and then returned to the treasury, where he received a silver threepenny-piece to put into it.

Our little hero had some difficulty in lifting the burden upon his back; but he at last succeeded in getting it placed to his mind, and set forward on his journey. However, without meeting with any accident, and after resting himself more than a hundred times by the way, in two days and two nights he reached his father's house in safety.

Tom had travelled forty-eight hours with a huge silver-piece on his back, and was almost tired to death, when his mother ran out to meet him, and carried him into the house. But he soon returned to Court.

As Tom's clothes had suffered much in the batter-pudding, and the inside of the fish, his majesty ordered him a new suit of clothes, and to be mounted as a knight on a mouse.

Of butterfly's wings his shirt was made,
his boots of chicken's hide;
and by a nimble fairy blade,
well learnèd in the tailoring trade,
his clothing was supplied.
A needle dangled by his side;
a dapper mouse he used to ride,
thus strutted Tom in stately pride!

It was certainly very diverting to see Tom in this dress and mounted on the mouse, as he rode out a-hunting with the king and nobility, who were all ready to expire with laughter at Tom and his fine prancing charger.

The king was so charmed with his address that he

nach Hause tragen könne; da machte der gute kleine Kerl vor Freude einen Luftsprung. Tom besorgte sich gleich einen Geldbeutel, der aus einer Seifenblase gemacht war; dann kam er wieder zur Schatzkammer, und dort erhielt er ein silbernes Drei-Groschen-Stück, um es hinein zu stecken.

Unserem kleinen Helden machte es einige Schwierigkeit, die Last auf seinen Rücken zu heben; aber endlich gelang es ihm, sie so zu legen, daß es ihm gut schien, und er machte sich auf den Weg. Jedenfalls kam er, ohne daß ihm ein Unfall zustieß, und nachdem er mehr als hundertmal am Wegrand gerastet hatte, nach zwei Tagen und zwei Nächten wohlbehalten zu seines Vaters Haus.

Tom war achtundvierzig Stunden mit einem riesigen Silberstück auf dem Rücken gewandert. Und er war fast zu Tode erschöpft, als seine Mutter heraus kam, um ihn zu empfangen, und ihn ins Haus trug. Doch bald kehrte er an den Königshof zurück.

Weil Toms Kleider in dem Rührpudding und im Inneren des Fisches arg gelitten hatten, bestellte Seine Majestät für ihn einen neuen Anzug und ließ ihn zum Maus-Ritter schlagen.

Aus Falterflügeln das Hemd gemacht,
die Schuh aus Kükens Kleid.
Geschneidert wurde seine Tracht
von flinkem Elf, in seinem Fach
dem besten weit und breit.
Eine Nadel hängt an seiner Seit,
auf muntrer Maus er gerne reit't:
so brüstet sich Tom in Herrlichkeit.

Wahrhaftig, es war ergötzlich zu sehen, wie Tom in diesem Gewand und auf der Maus reitend mit dem König und dem Adel zur Jagd auszog; sie alle waren nahe daran, sich über Tom und sein prächtiges Reittier totzulachen.

Der König war so entzückt von seiner Gewandtheit, daß er einen kleinen Stuhl machen ließ, damit Tom auf seinem

ordered a little chair to be made, in order that Tom might sit upon his table, and also a palace of gold, a span high, with a door an inch wide, to live in. He also gave him a coach, drawn by six small mice.

The queen was so enraged at the honours conferred on Sir Thomas that she resolved to ruin him, and told the king that the little knight had been saucy to her.

The king sent for Tom in great haste, but being fully aware of the danger of royal anger, he crept into an empty snail-shell, where he lay for a long time until he was almost starved with hunger; but at last he ventured to peep out, and seeing a fine large butterfly on the ground, near the place of his concealment, he got close to it and jumping astride on it, was carried up into the air. The butterfly flew with him from tree to tree and from field to field, and at last returned to the court, where the king and nobility all strove to catch him; but at last poor Tom fell from his seat into a watering-pot, in which he was almost drowned.

When the queen saw him she was in a rage, and said he should be beheaded; and he was put into a mouse trap until the time of his execution.

However a cat, observing something alive in the trap, patted it about till the wires broke, and set Thomas at liberty.

The king received Tom again into favour, which he did not live to enjoy, for a large spider one day attacked him; and although he drew his sword and fought well, yet the spider's poisonous breath at last overcame him.

He fell dead on the ground where he stood,
and the spider suck'd every drop of his blood.

King Arthur and his whole court were so sorry at the loss of their little favourite that they went into

Tisch sitzen könne; ferner, als Wohnung für ihn, ein Schlößchen aus Gold, eine Spanne hoch und mit einer ein-Zoll-breiten Tür. Er schenkte ihm auch eine Kutsche, die von sechs kleinen Mäusen gezogen wurde.

Die Königin war so erbost über die Ehren, die man dem edlen Herrn Thomas erwies, daß sie beschloß, ihn zu Grunde zu richten; sie erzählte dem König, daß der kleine Ritter unverschämt zu ihr gewesen sei.

Der König schickte in großer Eile nach Tom; doch der wußte, welche Gefahr königlicher Ärger bedeutet: er kroch in ein leeres Schneckenhaus und blieb darin lange Zeit, bis er vor Hunger fast gestorben war. Endlich wagte er es, vorsichtig heraus zu gucken. Er sah einen schönen großen Schmetterling am Boden neben seinem Versteck, kroch nahe heran, sprang rittlings auf ihn und wurde in die Luft gehoben. Der Schmetterling taumelte mit ihm von Baum zu Baum und von Acker zu Acker. Schließlich kehrte er an den Hof zurück, wo König und Adel sich Mühe gaben, ihn zu fangen. Der arme Tom fiel endlich aus seinem Sitz in eine Gießkanne, in der er beinahe ertrunken wäre.

Als die Königin ihn sah, war sie sehr zornig; sie sagte, er solle enthauptet werden. Bis zum Zeitpunkt seiner Hinrichtung wurde er in eine Mausefalle gesperrt.

Eine Katze jedoch beobachtete, daß etwas Lebendiges in der Falle war; sie schlug so lange mit der Pfote dagegen, bis der Draht riß und Thomas frei war.

Der König nahm Tom wieder in seine Gunst auf; doch der konnte sich ihrer nicht lange erfreuen, denn eines Tages griff ihn eine riesige Spinne an. Obgleich er sein Schwert zog und tapfer kämpfte, überwältigte ihn endlich doch der giftige Atem der Spinne.

Er fiel tot zu Boden, wo er stund,
die Spinne trank sein Blut bis auf den Grund.

König Artus und der ganze Hof waren so betrübt über den Verlust ihres kleinen Lieblings, daß sie Trauerklei-

mourning and raised a fine white marble monument
over his grave with the following epitaph:

Here lies Tom Thumb, King Arthur's knight,
who died by a spider's cruel bite.
He was well known in Arthur's court,
where he afforded gallant sport;
he rode at tilt and tournament,
and on a mouse a-hunting went.
Alive he filled the court with mirth;
his death to sorrow soon gave birth.
Wipe, wipe your eyes, and shake your head
and cry, – Alas! Tom Thumb is dead!

dung anlegten und ein schönes Denkmal aus weißem Mar-
mor auf seinem Grab errichteten mit folgender Inschrift:

Tom Däumling, Artus' Ritter, liegt
hier tot – vom Spinnenbiß besiegt.
Er war am Hofe wohlbekannt,
wo er manch heitern Spaß erfand.
Zu Lanzenkämpfen ritt er aus
und auf die Jagd mit einer Maus.
Viel Frohsinn gab er uns im Leben –
sein Tod muß Grund zum Trauern geben.
Wischt euer Aug, beklagt die Not,
rauft euch die Haare: Tom ist tot!

There was once upon a time a poor widow who had an only son named Jack, and a cow named Milky-white. And all they had to live on was the milk the cow gave every morning which they carried to the market and sold. But one morning Milky-white gave no milk and they didn't know what to do.

"What shall we do, what shall we do?" said the widow, wringing her hands.

"Cheer up, mother, I'll go and get work somewhere," said Jack.

"We've tried that before, and nobody would take you," said his mother; "we must sell Milky-white and with the money start shop, or something."

"All right, mother," says Jack; "it's market-day to-day, and I'll soon sell Milky-white, and then we'll see what we can do."

So he took the cow's halter in his hand, and off he started. He hadn't gone far when he met a funny-looking old man who said to him: "Good morning, Jack."

"Good morning to you," said Jack, and wondered how he knew his name.

"Well, Jack, and where are you off to?" said the man.

70   "I'm going to market to sell our cow here."

71   "Oh, you look the proper sort of chap to sell

Jack und der Bohnenstengel

Es war einmal eine arme Witwe, die hatte nur einen Sohn, der hieß Jack und eine Kuh, die hieß Milchweiß. Und alles, was sie zum Leben hatten, war die Milch, die die Kuh jeden Morgen gab und die sie auf dem Markt verkauften. Eines Morgens gab Milchweiß keine Milch, und sie wußten nicht, was sie tun sollten.

«Was sollen wir tun, was sollen wir tun?» fragte die Witwe händeringend.

«Nur Mut, Mutter, ich werde mir irgendwo Arbeit suchen», sagte Jack.

«Das haben wir versucht, aber niemand wollte dich», sagte die Mutter; «wir müssen Milchweiß verkaufen und mit dem Geld ein Geschäft aufmachen oder sowas.»

«Also gut, Mutter», sagte Jack, «heute ist Markttag, und ich werde Milchweiß schnell verkaufen, und dann wollen wir sehen, was wir tun können.»

Also packte er die Kuh am Halfter und ging. Er war noch nicht weit gekommen, als er einem merkwürdig aussehenden alten Mann begegnete, der sagte zu ihm: «Guten Morgen, Jack.»

«Guten Morgen», antwortete Jack und wunderte sich, wie der Mann seinen Namen wissen konnte.

«Nun, Jack, wo gehst du denn hin?» fragte der Mann.

«Ich gehe auf den Markt, um unsere Kuh zu verkaufen.»

«Oh, du siehst aus, als wärst du genau der Richtige, um

cows," said the man; "I wonder if you know how many beans make five."

"Two in each hand and one in your mouth," says Jack, as sharp as a needle.

"Right you are," says the man, "and here they are, the very beans themselves," he went on, pulling out of his pocket a number of strange-looking beans. "As you are so sharp," says he, "I don't mind doing a swop with you – your cow for these beans."

"Go along," says Jack; "wouldn't you like it?"

"Ah! you don't know what these beans are," said the man; "if you plant them overnight, by morning they grow right up to the sky."

"Really?" says Jack; "you don't say so."

"Yes, that is so, and if it doesn't turn out to be true you can have your cow back."

"Right," says Jack, and hands him over Milky-white's halter and pockets the beans.

Back goes Jack home, and as he hadn't gone very far it wasn't dusk by the time he got to his door.

"Back already, Jack?" said his mother; "I see you haven't got Milky-white, so you've sold her. How much did you get for her?"

"You'll never guess, mother," says Jack.

"No, you don't say so. Good boy! Five pounds, ten, fifteen, no, it can't be twenty."

"I told you you couldn't guess, what do you say to these beans; they're magical, plant them overnight and –"

"What!" says Jack's mother, "have you been such a fool, such a dolt, such an idiot, as to give away my Milky-white, the best milker in the parish, and prime beef to boot, for a set of paltry beans. Take that! Take that! Take that! And as for your precious beans here they go out of the window. And now off with you to bed. Not a sup shall

eine Kuh zu verkaufen», sagte der Mann, «ich frage mich, ob du weißt, wieviel Bohnen fünf ergeben.»

«Zwei in jeder Hand und eine in deinem Mund», sagt Jack, scharf wie ein Messer.

«Recht hast du», sagt der Mann. «Und da sind sie, diese Bohnen», fuhr er fort, indem er eine Anzahl seltsamer Bohnen aus seiner Tasche hervorholte. «Da du so schlau bist», sagt er, «hätte ich nichts dagegen, mit dir zu tauschen – deine Kuh gegen diese Bohnen.»

«Na ja», sagte Jack, «wer wollte das nicht?»

«Ah, du weißt nur nicht, was für Bohnen das sind», sagte der Mann, «wenn du sie am Abend pflanzst, sind sie am nächsten Morgen bis zum Himmel gewachsen.»

«Wirklich?» fragte Jack, «das kann doch nicht sein.»

«Doch, es ist so, und wenn es sich als falsch herausstellt, kannst du die Kuh zurückhaben.»

«Gut», sagt Jack, gibt ihm Milchweiß' Halfter und sackt die Bohnen ein.

Jack ging zurück nach Hause, und da er nicht weit weg gewesen war, war es noch nicht dämmrig, als er zu seiner Tür kam.

«Schon zurück, Jack?» fragte seine Mutter, «ich sehe, du hast Milchweiß nicht dabei, also hast du sie verkauft. Wieviel hast du für sie bekommen?»

«Du wirst es nie erraten, Mutter», sagt Jack.

«Nein, sag das nicht. Guter Junge! Fünf Pfund, zehn fünfzehn, nein, zwanzig können es nicht sein.»

«Ich habe dir ja gesagt, daß du es nicht erraten kannst. Was sagst du zu diesen Bohnen; es sind Zauberbohnen; pflanze sie am Abend ein und –»

«Was!» sagt Jacks Mutter, «warst du so ein Dummkopf, so ein Tölpel, so ein Narr, daß du meine Milchweiß, die in der ganzen Gemeinde am meisten Milch gibt, erstklassiges Fleisch hat sie obendrein, für ein paar armselige Bohnen verkauft hast? Nimm das! Nimm das! Nimm das! Und was deine kostbaren Bohnen angeht – aus dem Fenster damit. Und nun marsch ins Bett! Keinen

you drink, and not a bit shall you swallow this very night."

So Jack went upstairs to his little room in the attic, and sad and sorry he was, to be sure, as much for his mother's sake, as for the loss of his supper.

At last he dropped off to sleep.

When he woke up, the room looked so funny. The sun was shining into part of it, and yet all the rest was quite dark and shady. So Jack jumped up and dressed himself and went to the window. And what do you think he saw? Why, the beans his mother had thrown out of the window into the garden had sprung up into a big beanstalk which went up and up and up till it reached the sky. So the man spoke truth after all.

The beanstalk grew up quite close past Jack's window, so all he had to do was to open it and give a jump on to the beanstalk which ran up just like a big ladder. So Jack climbed, and he climbed and he climbed and he climbed and he climbed and he climbed and he climbed till at last he reached the sky. And when he got there he found a long broad road going as straight as a dart. So he walked along and he walked along and he walked along till he came to a great big tall house, and on the doorstep there was a great big tall woman.

"Good morning, mum," says Jack, quite polite-like. "Could you be so kind as to give me some breakfast?" For he hadn't had anything to eat, you know, the night before and was as hungry as a hunter.

"It's breakfast you want, is it?" says the great big tall woman; "it's breakfast you'll be if you don't move off from here. My man is an ogre and there's nothing he likes better than boys broiled on toast. You'd better be moving on or he'll soon be coming."

Schluck sollst du trinken und den ganzen Abend keinen Bissen essen.»

Da ging Jack die Treppe hinauf in sein kleines Zimmer auf dem Dachboden, und er war traurig, und es tat ihm leid – ganz bestimmt – und zwar ebenso sehr um seine Mutter wie um das Abendessen.

Schließlich schlief er ein.

Als er aufwachte, sah das Zimmer so sonderbar aus. Die Sonne schien nur ein Stück weit herein, und alles übrige war ziemlich dunkel und schattig. Also sprang Jack auf, zog sich an und ging ans Fenster. Und was meinst du, was er sah? Wahrhaftig, die Bohnen, die seine Mutter aus dem Fenster in den Garten geworfen hatte, waren zu einem großen Bohnenstengel aufgeschossen, der weit, weit hinaufreichte, bis er den Himmel berührte. So hatte der Mann am Ende doch recht gehabt.

Der Bohnenstengel wuchs ziemlich nah bei Jacks Fenster, so war alles, was er tun mußte, es zu öffnen und auf den Stengel zu springen, der wie eine Leiter nach oben führte. Also kletterte Jack und er kletterte und er kletterte und er kletterte und er kletterte und er kletterte und er kletterte, bis er schließlich den Himmel erreicht hatte. Und als er dort war, sah er eine lange, breite, pfeilgerade Straße. Also ging er auf ihr weiter, und er ging und er ging, bis er zu einem großen hohen, breiten Haus kam, und auf der Türschwelle stand eine große hohe, breite Frau.

«Guten Morgen, Mutter», sagt Jack, einigermaßen höflich, «könntest du so lieb sein und mir etwas zum Frühstück geben?» Denn er hatte am Abend davor, du weißt ja, nichts zu essen gehabt und war hungrig wie ein Jäger.

«Frühstücken willst du, ja?» sagt die große hohe, breite Frau, «du wirst selber gefrühstückt, wenn du dich nicht schnell davonmachst. Mein Mann ist ein Menschenfresser, und er mag nichts lieber als gebratene Jungen auf Toast. Lauf lieber weg, denn er kommt bald!»

"Oh, please mum, do give me something to eat, mum. I've had nothing to eat since yesterday morning, really and truly, mum," says Jack, "I may as well be broiled as die of hunger."

Well, the ogre's wife was not half so bad after all. So she took Jack into the kitchen, and gave him a junk of bread and cheese and a jug of milk. But Jack hadn't half finished these when thump! thump! thump! the whole house began to tremble with the noise of some one coming.

"Goodness gracious me! It's my old man," said the ogre's wife, "what on earth shall I do? Come along quick and jump in here." And she bundled Jack into the oven just as the ogre came in.

He was a big one, to be sure. At his belt he had three calves strung up by the heels, and he unhooked them and threw them down on the table and said: "Here, wife, broil me a couple of these for breakfast. Ah! what's this I smell?

Fee-fi-fo-fum,
I smell the blood of an Englishman,
Be he alive, or be he dead
I'll have his bones to grind my bread.

"Nonsense, dear," said his wife, "you're dreaming. Or perhaps you smell the scraps of that little boy you liked so much for yesterday's dinner. Here, you go and have a wash and tidy up, and by the time you come back your breakfast'll be ready for you."

So off the ogre went, and Jack was just going to jump out of the oven and run away when the woman told him not. "Wait till he's asleep," says she; "he always has a doze after breakfast."

Well, the ogre had his breakfast, and after that he goes to a big chest and takes out of it a couple of bags of gold, and down he sits and counts till at last

«Oh, bitte, Mutter, gib mir etwas zu essen, Mutter! Ich habe seit gestern morgen nichts zu essen gehabt, wirklich und wahrhaftig, Mutter», sagt Jack. «Ich kann ebensogut verbrutzeln wie verhungern.»

Nun, die Frau des Menschenfressers war am Ende doch nicht ganz so böse. Sie nahm Jack mit in die Küche und gab ihm ein dickes Stück Brot und Käse und einen Krug mit Milch. Aber Jack hatte es noch nicht aufgegessen, als bumm! bumm! bumm! das ganze Haus vom Lärm eines Ankömmlings zu beben begann.

«Ach du liebe Güte! Das ist mein Alter», sagte die Frau des Menschenfressers, «was soll ich bloß tun? Komm schnell, spring hier hinein!» Und sie stopfte Jack in den Backofen, gerade als der Menschenfresser hereinkam.

Er war ein großer Menschenfresser, ganz bestimmt. An seinem Gürtel hingen drei Kälber an ihren Hinterfüßen; er machte sie los und warf sie auf den Tisch und sagte: «Hier, Frau, brate mir zwei von denen zum Frühstück. Ah! Was rieche ich denn da?

Je nun, je nun, was ist denn das?
Ich riech das Blut eines Engländers,
sei er lebendig, sei er tot,
die Knochen mahl ich für mein Brot!»

«Unsinn, Liebling», sagte seine Frau, «du träumst. Oder vielleicht riechst du noch die Reste von dem kleinen Jungen, der dir gestern zum Abendessen so gut geschmeckt hat. Komm, geh nur und wasch dich und mach dich fertig, und wenn du wiederkommst, kannst du frühstücken.»

Also ging der Menschenfresser, und Jack wollte schon aus dem Backofen springen und wegrennen, als die Frau ihm befahl, noch nicht zu gehen. «Warte, bis er schläft», sagt sie, «nach dem Frühstück macht er immer ein Nikkerchen.»

Nun, der Menschenfresser aß sein Frühstück, und dann ging er zu einer großen Truhe und nahm zwei Beutel mit Gold heraus und setzte sich hin und zählte das Gold,

his head began to nod and he began to snore till the whole house shook again.

Then Jack crept out on tiptoe from his oven, and as he was passing the ogre he took one of the bags of gold under his arm, and off he pelters till he came to the beanstalk, and then he threw down the bag of gold, which of course fell into his mother's garden, and then he climbed down and climbed down till at last he got home and told his mother and showed her the gold and said: "Well, mother, wasn't I right about the beans? They are really magical, you see."

So they lived on the bag of gold for some time, but at last they came to the end of it, and Jack made up his mind to try his luck once more up at the top of the beanstalk. So one fine morning he rose up early, and got on to the beanstalk, and he climbed and he climbed and he climbed and he climbed and he climbed and he climbed till at last he came out on to the road again and up to the great big tall house he had been to before. There, sure enough, was the great big tall woman a-standing on the door-step.

"Good morning, mum," says Jack, as bold as brass, "could you be so good as to give me something to eat?"

"Go away, my boy," said the big tall woman, "or else my man will eat you up for breakfast. But aren't you the youngster who came here once before? Do you know, that very day, my man missed one of his bags of gold."

"That's strange, mum," says Jack; "I dare say I could tell you something about that, but I'm so hungry I can't speak till I've had something to eat."

Well the big tall woman was so curious that she took him in and gave him something to eat. But he had scarcely begun munching it as slowly as he could when thump! thump! thump! they heard the

bis sein Kopf schließlich heruntersank und er zu schnarchen begann, so daß wieder das ganze Haus bebte.

Da kroch Jack auf Zehenspitzen aus seinem Backofen, und als er am Menschenfresser vorbeikam, nahm er einen von den beiden Beuteln mit Gold unter den Arm und eilte davon, bis er zum Bohnenstengel kam, und dann warf er den Beutel mit Gold nach unten – der fiel natürlich in den Garten seiner Mutter –, und dann kletterte er hinunter und kletterte hinunter, bis er endlich nach Hause kam und seiner Mutter erzählte und ihr das Gold zeigte und sagte: «Nun, Mutter, hatte ich nicht doch recht mit den Bohnen? Siehst du, es sind wirklich Zauberbohnen.»

So lebten sie einige Zeit von dem Gold, aber schließlich ging es zu Ende und Jack beschloß, noch einmal oben auf dem Bohnenstengel sein Glück zu versuchen. Also stand er eines schönen Morgens früh auf und schwang sich auf den Bohnenstengel, und er kletterte und er kletterte und er kletterte und er kletterte und er kletterte und er kletterte, bis er endlich wieder zu der Straße kam und sie hinaufging, bis zu dem großen hohen, breiten Haus, wo er schon einmal gewesen war. Dort stand natürlich die große hohe, breite Frau auf der Türschwelle.

«Guten Morgen, Mutter», sagte Jack mit frecher Stirn, «möchtest du wohl so gut sein, mir etwas zu essen zu geben?»

«Lauf weg, mein Junge», sagte die hohe breite Frau, «sonst ißt dich mein Mann zum Frühstück. Aber bist du nicht der Junge, der schon einmal hier war? Weißt du, daß mein Mann gerade an dem Tag einen von seinen Beuteln mit Gold vermißte?»

«Das ist seltsam, Mutter», sagte Jack, «ich glaube wohl, daß ich dir etwas darüber sagen könnte, aber ich bin so hungrig, ich kann nicht sprechen, bevor ich nicht etwas gegessen habe.»

Da war die große hohe, breite Frau so neugierig, daß sie ihn hineinließ und ihm etwas zu essen gab. Aber er hatte kaum begonnen, so langsam wie möglich zu kauen,

giant's footstep, and his wife hid Jack away in the oven.

All happened as it did before. In came the ogre as he did before, said: "Fee-fi-fo-fum", and had his breakfast off three broiled oxen. Then he said: "Wife, bring me the hen that lays the golden eggs." So she brought it, and the ogre said: "Lay", and it laid an egg all of gold. And then the ogre began to nod his head, and to snore till the house shook.

Then Jack crept out of the oven on tiptoe and caught hold of the golden hen, and was off before you could say "Jack Robinson". But this time the hen gave a cackle which woke the ogre, and just as Jack got out of the house he heard him calling: "Wife, wife, what have you done with my golden hen?"

And the wife said: "Why, my dear?"

But that was all Jack heard, for he rushed off to the beanstalk and climbed down like a house on fire. And when he got home he showed his mother the wonderful hen and said "Lay", to it; and it laid a golden egg every time he said "Lay".

Well, Jack was not content, and it wasn't very long before he determined to have another try at his luck up there at the top of the beanstalk. So one fine morning he rose up early, and got on to the beanstalk, and he climbed and he climbed and he climbed and he climbed till he got to the top. But this time he knew better than to go straight to the ogre's house. And when he got near it he waited behind a bush till he saw the ogre's wife come out with a pail to get some water, and then he crept in-to the house and got into the copper. He hadn't been there long when he heard thump! thump! thump! as before, and in came the ogre and his wife.

als sie bumm! bumm! bumm! den Schritt des Riesen hörten und die Frau den Jungen im Backofen versteckte.

Alles geschah wie vorher. Herein kam der Menschenfresser, wie letztes Mal, sagte «Je nun, je nun, was ist denn das?» und aß drei gebratene Ochsen zum Frühstück. Dann sagte er: «Frau, bring mir die Henne, die goldene Eier legt.» Sie brachte die Henne und der Menschenfresser sagte: «Leg!» und sie legte ein Ei ganz aus Gold. Dann ließ der Menschenfresser seinen Kopf vornüber sinken und fing an zu schnarchen, bis das Haus bebte.

Da kroch Jack auf Zehenspitzen aus dem Backofen, schnappte die goldene Henne und war weg, bevor du hättest «Jack Robinson» sagen können. Aber dieses Mal gakkerte die Henne, was den Menschenfresser aufweckte; und gerade als Jack aus dem Haus war, konnte er ihn rufen hören «Frau, Frau, was hast du mit meiner goldenen Henne gemacht?»

Und die Frau sagte: «Wieso, Liebling?»

Aber das war alles, was Jack hören konnte, weil er zum Bohnenstengel lief und hinunterkletterte wie die Feuerwehr. Und als er heimkam, zeigte er seiner Mutter die wunderbare Henne und sagte «Leg!» und jedes Mal, wenn er «Leg!» sagte, legte sie ein goldenes Ei.

Nun, Jack gab sich damit nicht zufrieden, und es dauerte nicht sehr lange, bis er beschloß, noch einmal oben auf dem Bohnenstengel sein Glück zu versuchen. Eines schönen Morgens also stand er früh auf und schwang sich auf den Bohnenstengel, und er kletterte und er kletterte und er kletterte und er kletterte, bis er oben war. Aber dieses Mal war er schlauer und ging nicht geradewegs zum Haus des Menschenfressers. Als er näher kam, wartete er hinter einem Busch, bis er die Frau des Menschenfressers sah, wie sie mit einem Kübel aus dem Haus kam, um Wasser zu holen, und dann schlich er in das Haus und kroch in den Kessel. Dort war er noch nicht lange, als er das bumm! bumm! bumm! hörte, wie bekannt, und der Menschenfresser mit seiner Frau hereinkam.

"Fee-fi-fo-fum, I smell the blood of an Englishman," cried out the ogre; "I smell him, wife, I smell him."

"Do you, my dearie?" says the ogre's wife. "Then if it's that little rogue that stole your gold and the hen that laid the golden eggs he's sure to have got into the oven." And they both rushed to the oven. But Jack wasn't there, luckily, and the ogre's wife said: "There you are again with your fee-fi-fo-fum. Why of course it's the boy you caught last night that I've just broiled for your breakfast. How forgetful I am, and how careless you are not to know the difference between live and dead after all these years."

So the ogre sat down to the breakfast and ate it, but every now and then he would mutter: "Well, I could have sworn —" and he'd get up and search the larder and the cupboards, and everything, only luckily he didn't think of the copper.

After breakfast was over, the ogre called out: "Wife, wife, bring me my golden harp." So she brought it and put it on the table before him. Then he said: "Sing!" and the golden harp sang most beautifully. And it went on singing till the ogre fell asleep, and commenced to snore like thunder.

Then Jack lifted up the copper-lid very quietly and got down like a mouse and crept on hands and knees till he came to the table when up he crawled, caught hold of the golden harp and dashed with it towards the door. But the harp called out quite loud: "Master! Master!" and the ogre woke up just in time to see Jack running off with his harp.

Jack ran as fast as he could, and the ogre came rushing after, and would soon have caught him only Jack had a start and dodged him a bit and knew where he was going. When he got to the beanstalk the ogre was not more than twenty yards away

«Je nun, je nun, was ist denn das, ich riech das Blut eines Engländers», rief der Menschenfresser. «Ich rieche ihn, Frau, ich rieche ihn.»

«Wirklich, Liebling?» fragte seine Frau. «Wenn es der kleine Schelm ist, der dein Gold und die Henne, die goldene Eier legt, gestohlen hat, dann ist er ganz bestimmt im Backofen.» Und beide stürzten zum Backofen. Aber zum Glück war Jack nicht dort, und die Frau des Menschenfressers sagte: «Da hast dus nun wieder mit deinem je nun, je nun. Natürlich ist es der Junge, den du gestern abend gefangen hast und den ich dir gerade zum Frühstück gebraten habe. Wie vergeßlich bin ich doch und wie unachtsam bist du, daß du nach all den Jahren den Unterschied zwischen lebendig und tot noch nicht kennst.»

Also setzte sich der Menschenfresser und aß sein Frühstück, aber hin und wieder murmelte er: «Ich hätte schwören können, daß...» und stand auf und durchsuchte die Speisekammer und die Schränke und alles, nur an den Kessel dachte er zum Glück nicht.

Als er mit Frühstücken fertig war, rief der Menschenfresser: «Frau, Frau, bring mir die goldene Harfe.» Sie brachte die Harfe und stellte sie vor ihn auf den Tisch. Da sagte er: «Sing!» und die goldene Harfe sang wunderschön. Und sie sang immer weiter, bis der Menschenfresser einschlief und anfing, gewaltig zu schnarchen.

Da hob Jack sehr leise den Deckel hoch und kroch wie eine Maus aus dem Kessel und krabbelte auf Händen und Füßen, bis er zu dem Tisch kam, an dem kletterte er hoch, schnappte die goldene Harfe und rannte damit zur Tür. Aber die Harfe rief laut «Meister, Meister», und der Menschenfresser wachte gerade rechtzeitig auf, um Jack mit seiner Harfe wegrennen zu sehen.

Jack rannte, so schnell er konnte, und der Menschenfresser lief hinterher und hätte ihn fast geschnappt, nur hatte Jack einen Vorsprung und wich ihm aus und kannte den Weg. Als er zum Bohnenstengel kam, war der Menschenfresser nicht mehr als zwanzig Yard entfernt: der

when suddenly he saw Jack disappear like, and when he came to the end of the road he saw Jack underneath climbing down for dear life. Well, the ogre didn't like trusting himself to such a ladder, and he stood and waited, so Jack got another start. But just then the harp cried out: "Master! master!" and the ogre swung himself down on to the beanstalk which shook with his weight. Down climbs Jack, and after him climbed the ogre. By this time Jack had climbed down and climbed down and climbed down till he was very nearly home. So he called out: "Mother! mother! bring me an axe, bring me an axe." And his mother came rushing out with the axe in her hand, but when she came to the beanstalk she stood stock still with fright, for there she saw the ogre with his legs just through the clouds.

But Jack jumped down and got hold of the axe and gave a chop at the beanstalk which cut it half in two. The ogre felt the beanstalk shake and quiver so he stopped to see what was the matter. Then Jack gave another chop with the axe, and the beanstalk was cut in two and began to topple over. Then the ogre fell down and broke his crown, and the beanstalk came toppling after.

Then Jack showed his mother his golden harp, and what with showing that and selling the golden eggs, Jack and his mother became very rich, and he married a great princess, and they lived happy ever after.

sah, wie Jack sozusagen verschwand, und als er ans Ende der Straße kam, sah er unter sich Jack um sein Leben klettern. Nun – erst wollte sich der Menschenfresser einer solchen Leiter nicht so recht anvertrauen, und er stand da und zögerte, so daß Jack einen größeren Vorsprung bekam. Aber dann rief die Harfe «Meister! Meister!», und der Menschenfresser stieg auf den Bohnenstengel, der unter seinem Gewicht schwankte. Jack kletterte hinunter, ihm nach der Menschenfresser. Inzwischen war Jack hinuntergeklettert und geklettert und geklettert und geklettert, bis er fast zu Hause war. Da rief er: «Mutter! Mutter! Bring mir eine Axt, bring mir eine Axt!» Und seine Mutter kam mit der Axt in der Hand angerannt, aber als sie zum Bohnenstengel kam, stand sie stocksteif vor Angst, denn sie sah den Menschenfresser mit seinen Beinen gerade durch die Wolken kommen.

Aber Jack sprang hinunter und nahm die Axt und haute den Stamm halb durch. Der Menschenfresser fühlte, wie der Bohnenstengel bebte und schwankte und hielt an, um zu sehen, was los war. Da machte Jack einen zweiten Hieb mit der Axt, und der Bohnenstengel war ganz durchgebrochen und kippte langsam um. Da fiel der Menschenfresser herunter, und sein Kopf brach entzwei, und der Bohnenstengel stürzte hinterher.

Jack zeigte seiner Mutter die goldene Harfe, und davon, daß sie die den Leuten vorführten und die goldenen Eier verkauften, wurden Jack und seine Mutter sehr reich, er heiratete eine vornehme Prinzessin, und sie lebten glücklich bis an ihr Lebensende.

Once upon a time there was a king and a queen, as in many lands have been. The king had a daughter, Anne, and the queen had one named Kate, but Anne was far bonnier than the queen's daughter, though they loved one another like real sisters. The queen was jealous of the king's daughter being bonnier than her own, and cast about to spoil her beauty. So she took counsel of the henwife, who told her to send the lassie to her next morning fasting.

So next morning early, the queen said to Anne, "Go, my dear, to the henwife in the glen, and ask her for some eggs." So Anne set out, but as she passed through the kitchen she saw a crust, and she took and munched it as she went along.

When she came to the henwife's she asked for eggs, as she had been told to do; the henwife said to her, "Lift the lid off that pot there and see." The lassie did so, but nothing happened. "Go home to your minnie and tell her to keep her larder door better locked," said the henwife. So she went home to the queen and told her what the henwife had said.

The queen knew from this that the lassie had had something to eat, so watched the next morning and sent her away fasting; but the princess saw some country-folk picking peas by the roadside, and being

Es waren einmal ein König und eine Königin, wie es sie in vielen Ländern gegeben hat. Der König hatte eine Tochter, Anna, und die Königin eine Tochter, die hieß Kätchen. Anna war viel schöner als die Tochter der Königin, aber beide hatten sich so lieb wie richtige Schwestern. Die Königin war eifersüchtig auf des Königs Tochter, weil sie schöner war als ihre eigene, und sann auf Mittel und Wege, wie sie ihre Schönheit verderben könnte. Sie fragte eine Hexe um Rat; die sagte, sie solle das Mädchen am nächsten Morgen nüchtern zu ihr schicken.

Früh am nächsten Morgen sagte daher die Königin zu Anna: «Mein Kind, geh zur Hexe im Tal und bitte sie um ein paar Eier.» Anna machte sich auf, aber als sie durch die Küche ging, entdeckte sie eine Brotrinde; die nahm sie mit und kaute sie im Gehen.

Als sie zur Hexe kam, fragte sie nach Eiern, wie es ihr aufgetragen war. Die Hexe sprach zu ihr: «Nimm den Deckel von dem Topf dort und schau hinein.» Das Mädchen tat es, aber nichts geschah. – «Geh heim zu deiner Mammi und sag ihr, sie soll ihre Speisekammer besser verschlossen halten.» Also ging sie nach Hause zur Königin und erzählte ihr, was die Hexe gesagt hatte.

Die Königin schloß daraus, daß das Mädchen irgend etwas zu essen gehabt hatte; am nächsten Morgen paßte sie auf und schickte Anna nüchtern fort. Die Prinzessin traf einige Bauern, die am Wegrand Erbsen pflückten; da

very kind she spoke to them and took a handful of the peas, which she ate by the way.

When she came to the henwife's, she said, "Lift the lid off the pot and you'll see." So Anne lifted the lid but nothing happened. Then the henwife was rare angry and said to Anne, "Tell your minnie the pot won't boil if the fire's away." So Anne went home and told the queen.

The third day the queen goes along with the girl herself to the henwife. Now, this time, when Anne lifted the lid off the pot, off falls her own pretty head, and on jumps a sheep's head.

So the queen was now quite satisfied, and went back home.

Her own daughter, Kate, however, took a fine linen cloth and wrapped it round her sister's head and took her by the hand and they both went out to seek their fortune. They went on, and they went on, and they went on, till they came to a castle. Kate knocked at the door and asked for a night's lodging for herself and a sick sister.

They went in and found it was a king's castle, who had two sons, and one of them was sickening away to death and no one could find out what failed him.

And the curious thing was that whoever watched him at night was never seen any more. So the king had offered a peck of silver to any one who would stop up with him. Now Katie was a very brave girl, so she offered to sit up with him.

Till midnight all went well. As twelve o'clock rang, however, the sick prince rose, dressed himself, and slipped downstairs. Kate followed, but he didn't seem to notice her. The prince went to the stable, saddled his horse, called his hound, jumped into the saddle, and Kate leapt lightly up behind him. Away rode the prince and Kate through the green-

sie sehr freundlich war, sprach sie mit ihnen und nahm eine Handvoll Schoten mit, die sie unterwegs aß.

Als sie zur Hexe kam, sagte die: «Nimm den Deckel vom Topf und schau hinein.» Anna hob den Deckel, aber nichts geschah. Da wurde die Hexe sehr zornig und sprach zu Anna: «Sag deiner Mutti, daß der Topf nicht kochen kann, wenn das Feuer aus ist.» Da ging Anna nach Haus und erzählte es der Königin.

Am dritten Tage geht die Königin selber mit dem Mädchen zur Hexe. Wie Anna nun dieses Mal den Deckel vom Topf hebt, fällt ihr eigener schöner Kopf ab, und an seine Stelle setzt sich ein Schafskopf.

Da war nun die Königin ganz zufrieden und ging nach Hause.

Ihre eigene Tochter Kätchen jedoch nahm ein feines Leinentuch und wickelte es um den Kopf ihrer Schwester und faßte sie an der Hand, und beide zogen aus, um ihr Glück zu suchen. Sie gingen und gingen und gingen, bis sie zu einem Schloß kamen. Kätchen klopfte an das Tor und erbat für sich und ihre kranke Schwester eine Unterkunft für die Nacht.

Sie traten ein und merkten, daß das Schloß einem König gehörte, der zwei Söhne hatte, von denen der eine auf den Tod krank lag; niemand konnte herausbekommen, was ihm fehlte. Und das Merkwürdige war, daß wer auch immer nachts bei ihm Wache hielt, nie wieder gesehen wurde. Daher hatte der König eine Menge Silber ausgeboten für jeden, der bei ihm Nachtwache halten wollte. Nun, Kätchen war ein sehr tapferes Mädchen, und so erbot sie sich, bei ihm zu wachen.

Bis Mitternacht ging alles gut. Als es jedoch zwölf schlug, stand der kranke Prinz auf, kleidete sich an und huschte leise die Treppe hinunter. Kätchen folgte ihm, aber er schien sie nicht zu bemerken. Der Prinz ging zum Stall, sattelte sein Pferd, rief seinem Hund und schwang sich in den Sattel; Kätchen sprang behend hinter ihm auf. Fort sprengten sie, der Prinz und Kätchen, durch

wood, Kate, as they pass, plucking nuts from the trees and filling her apron with them. They rode on and on till they came to a green hill. The prince here drew bridle and spoke, "Open, open, green hill, and let the young prince in with his horse and his hound," and Kate added, "and his lady him behind."

Immediately the green hill opened and they passed in. The prince entered a magnificent hall, brightly lighted up, and many beautiful fairies surrounded the prince and led him off to the dance. Meanwhile, Kate, without being noticed, hid herself behind the door. There she saw the prince dancing, and dancing, and dancing, till he could dance no longer and fell upon a couch. Then the fairies would fan him till he could rise again and go on dancing.

At last the cock crew, and the prince made all haste to get on horseback; Kate jumped up behind, and home they rode.

When the morning sun rose they came in and found Kate sitting down by the fire and cracking her nuts. Kate said the prince had a good night; but she would not sit up another night unless she was to get a peck of gold.

The second night passed as the first had done. The prince got up at midnight and rode away to the green hill and the fairy ball, and Kate went with him, gathering nuts as they rode through the forest. This time she did not watch the prince, for she knew he would dance, and dance, and dance. But she saw a fairy baby playing with a wand, and overheard one of the fairies say: "Three strokes of that wand would make Kate's sick sister as bonnie as ever she was." So Kate rolled nuts to the fairy baby, and rolled nuts till the baby toddled after the nuts and let fall the wand, and Kate took it up and put it in her apron.

den grünen Wald, und Kätchen pflückte im Vorbeireiten Nüsse von den Bäumen und füllte ihre Schürze damit. Sie ritten weiter und immer weiter, bis sie an einen grünen Hügel kamen. Dort zog der Prinz die Zügel an und sprach: «Öffne, öffne dich, grüner Hügel, und laß den jungen Prinzen ein, mit seinem Pferd und seinem Hund.» Kätchen fügte hinzu: «...und seine Dame hinterdrein.»

Sogleich tat sich der grüne Hügel auf, und sie ritten hinein. Der Prinz betrat eine prächtige, strahlend erleuchtete Halle, und viele schöne Feen umringten ihn und führten ihn fort zum Tanz. Inzwischen versteckte sich Kätchen unbemerkt hinter der Tür. Von dort sah sie den Prinzen tanzen und tanzen und tanzen, bis er nicht mehr konnte und auf ein Ruhebett niedersank. Da fächelten ihm die Feen frische Luft zu, bis er wieder aufstehen und weitertanzen konnte.

Endlich krähte der Hahn, und der Prinz beeilte sich sehr, wieder aufs Pferd zu kommen. Kätchen saß hinter ihm auf, und fort ging's nach Hause.

Als die Morgensonne aufging, kamen die Leute ins Zimmer und sahen Kätchen am Kamin sitzen und ihre Nüsse knacken. Kätchen berichtete, der Prinz habe eine gute Nacht gehabt; doch sie wolle nur dann noch einmal bei ihm wachen, wenn sie eine Menge Gold bekäme.

Die zweite Nacht verlief wie die erste: Der Prinz stand um Mitternacht auf und ritt fort zu dem grünen Hügel und zum Elfenreigen; Kätchen begleitete ihn und pflückte wieder Nüsse auf dem Ritt durch den Wald. Dieses Mal beobachtete sie den Prinzen nicht, denn sie wußte ja, daß er tanzte und tanzte und tanzte. Doch sie sah ein Elfenkind, das mit einem Zauberstab spielte, und hörte zufällig eine der Feen sagen: «Drei Schläge mit diesem Zauberstab würden Kätchens kranke Schwester so schön machen wie zuvor.» Da kullerte Kätchen Nüsse zum Elfenkind hinüber – und so lange kullerte sie Nüsse, bis das Kind hinter den Nüssen her tappte und den Zauberstab fallen ließ; Kätchen hob ihn auf und steckte ihn in ihre Schürze.

And at cockcrow they rode home as before, and the moment Kate got home to her room she rushed and touched Anne three times with the wand, and the nasty sheep's head fell off and she was her own pretty self again.

The third night Kate consented to watch, only if she should marry the sick prince. All went on as on the first two nights. This time the fairy baby was playing with a birdie;

Kate heard one of the fairies say: "Three bites of that birdie would make the sick prince as well as ever he was." Kate rolled all the nuts she had to the fairy baby till the birdie was dropped, and Kate put it in her apron.

At cockcrow they set off again, but instead of cracking her nuts as she used to do, this time Kate plucked the feathers off and cooked the birdie. Soon there arose a very savoury smell. "Oh!" said the sick prince, "I wish I had a bite of that birdie," so Kate gave him a bite of the birdie, and he rose up on his elbow. By-and-by he cried out again: "Oh, if I had another bite of that birdie!" so Kate gave him another bite, and he sat up on his bed. Then he said again: "Oh! if I had but a third bite of that birdie!" so Kate gave him a third bite, and he rose hale and strong, dressed himself, and sat down by the fire, and when the folk came in next morning they found Kate and the young prince cracking nuts together.

Meanwhile his brother had seen Annie and had fallen in love with her, as everybody did who saw her sweet pretty face. So the sick son married the well sister, and the well son married the sick sister, and they all lived happy, and never drank out of a dry cappy.

Beim Hahnenschrei ritten sie heim wie am Tag zuvor. Sobald Kätchen zu Hause ankam, rannte sie in ihr Zimmer, berührte Anna dreimal mit dem Zauberstab: der garstige Schafskopf fiel ab, und sie war wieder die richtige schöne Anna.

Zur dritten Nachtwache erklärte sich Kätchen nur bereit, wenn sie den kranken Prinzen heiraten dürfe. Alles trug sich so zu wie in den ersten beiden Nächten. Diesmal spielte das Elfenkind mit einem Vöglein; Kätchen hörte eine von den Feen sagen: «Drei Bissen von dem Vöglein würden den Prinzen so gesund machen wie er vorher war.» Kätchen kullerte alle Nüsse, die sie hatte, zu dem Elfenkind, bis es das Vöglein fallen ließ; und Kätchen steckte es in ihre Schürze.

Beim Hahnenschrei brachen sie wieder auf. Aber statt Nüsse zu knacken wie sonst, rupfte Kätchen diesmal das Vöglein und kochte es. Bald stieg ein angenehm würziger Duft auf. «Oh», sprach der kranke Prinz, «ich wollte, ich hätte einen Bissen von dem Vöglein.» Also gab ihm Kätchen einen Bissen von dem Vöglein, und er stützte sich auf den Ellenbogen. Sogleich rief er aus: «Oh, hätte ich doch noch einen Bissen von dem Vöglein!» Kätchen gab ihm noch einen Bissen, und er setzte sich im Bett auf. Wieder sagte er: «Oh, hätte ich nur noch ein drittes Stück von dem Vöglein!» Kätchen gab ihm einen dritten Bissen, und er stand auf, gesund und kräftig, zog sich an und setzte sich vor den Kamin. Als die Leute am nächsten Morgen kamen, fanden sie Kätchen und den jungen Prinzen, wie sie zusammen Nüsse knackten.

Inzwischen hatte sein Bruder Ännchen gesehen und sie lieb gewonnen, wie jeder, der ihr süßes, hübsches Gesicht sah. Also heiratete der kranke Sohn die gesunde Schwester, und der gesunde Sohn heiratete die kranke Schwester, und sie alle lebten glücklich und starben gut und tranken nie aus einem trockenen Hut.

Good examples of imperative

An old woman was sweeping her house, and she found a little crooked sixpence. "What," said she, "shall I do with this little sixpence? I will go to market, and buy a little pig."

As she was coming home, she came to a stile: but the piggy wouldn't go over the stile.

She went a little further, and she met a dog. So she said to him: "Dog! dog! bite pig; piggy won't go over the stile; and I shan't get home to-night." But the dog wouldn't.

She went a little further, and she met a stick. So she said: "Stick! stick! beat dog! dog won't bite pig; piggy won't get over the stile; and I shan't get home to-night." But the stick wouldn't.

She went a little further, and she met a fire. So she said: "Fire! fire! burn stick; stick won't beat dog; dog won't bite pig; piggy won't get over the stile; and I shan't get home to-night." But the fire wouldn't.

She went a little further, and she met some water. So she said: "Water! water! quench fire; fire won't burn stick;

stick won't beat dog; dog won't bite pig; piggy won't get over the stile; and I shan't get home to-night." But the water wouldn't.

She went a little further, and she met an ox.

Die alte Frau und das Schwein

Eine alte Frau fegte ihr Haus und fand dabei ein kleines verbogenes Sixpencestück. «Was», sagte sie, «soll ich mit diesem kleinen Sixpencestück machen? Ich will auf den Markt gehen und ein kleines Schwein kaufen.»

Als sie auf dem Heimweg war, kam sie an einen Zauntritt; das Schwein wollte nicht über den Zaun gehen.

Die Frau ging ein Stück weiter und traf einen Hund. Da sagte sie zu ihm: «Hund! Hund! Beiß das Schwein; Schweinchen will nicht übern Zaun; und ich komm heut nicht nach Haus.» Aber der Hund wollte nicht.

Die Frau ging weiter und fand einen Stock. Sie sagte: «Stock! Stock! Schlag den Hund! Hund will Schwein nicht beißen; Schweinchen will nicht übern Zaun; und ich komm heut nicht nach Haus.» Aber der Stock wollte nicht.

Die Frau ging weiter und kam an ein Feuer. Sie sagte: «Feuer! Feuer! Brenn den Stock; Stock will Hund nicht schlagen; Hund will Schwein nicht beißen; Schweinchen will nicht über den Zaun; und ich komm heut nicht nach Haus.» Aber das Feuer wollte nicht.

Die Frau ging weiter und kam an ein Wässerchen. Sie sagte: «Wasser! Wasser! Lösch das Feuer; Feuer will Stock nicht brennen; Stock will Hund nicht schlagen; Hund will Schwein nicht beißen; Schweinchen will nicht übern Zaun; und ich komm heut nicht nach Haus.» Aber das Wasser wollte nicht.

Die Frau ging weiter und traf einen Ochsen. Sie sagte:

So she said: "Ox! ox! drink water; water won't quench fire; fire won't burn stick; stick won't beat dog; dog won't bite pig; piggy won't get over the stile; and I shan't get home to-night." But the ox wouldn't.

She went a little further, and she met a butcher. So she said: "Butcher! butcher! kill ox; ox won't drink water;

water won't quench fire; fire won't burn stick; stick won't beat dog; dog won't bite pig; piggy won't get over the stile; and I shan't get home to-night." But the butcher wouldn't.

She went a little further, and she met a rope. So she said: "Rope! rope! hang butcher; butcher won't kill ox; ox won't drink water; water won't quench fire; fire won't burn stick; stick won't beat dog; dog won't bite pig; piggy won't get over the stile; and I shan't get home to-night." But the rope wouldn't.

She went a little further, and she met a rat. So she said: "Rat! rat! gnaw rope; rope won't hang butcher; butcher won't kill ox; ox won't drink water; water won't quench fire;

fire won't burn stick; stick won't beat dog; dog won't bite pig; piggy won't get over the stile; and I shan't get home to-night." But the rat wouldn't.

She went a little further, and she met a cat. So she said: "Cat! cat! kill rat; rat won't gnaw rope; rope won't hang butcher; butcher won't kill ox; ox won't drink water; water won't quench fire; fire won't burn stick; stick won't beat dog; dog won't bite pig; piggy won't get over the stile; and I shan't get home tonight." But the cat said to her: "If you will go to yonder cow, and fetch me a saucer of milk, I will kill the rat." So away went the old woman to the cow.

«Ochse! Ochse! Trink das Wasser; Wasser will Feuer nicht löschen; Feuer will Stock nicht brennen; Stock will Hund nicht schlagen; Hund will Schwein nicht beißen; Schweinchen will nicht übern Zaun; und ich komm heut nicht nach Haus.» Aber der Ochse wollte nicht.

Die Frau ging weiter und traf einen Metzger. Sie sagte: «Metzger! Metzger! Schlachte den Ochsen; Ochs will Wasser nicht trinken; Wasser will Feuer nicht löschen; Feuer will Stock nicht brennen; Stock will Hund nicht schlagen; Hund will Schwein nicht beißen; Schweinchen will nicht übern Zaun; und ich komm heut nicht nach Haus.» Aber der Metzger wollte nicht.

Die Frau ging weiter und fand einen Strick. Sie sagte: «Strick! Strick! Henk den Metzger; Metzger will Ochs nicht schlachten; Ochs will Wasser nicht trinken; Wasser will Feuer nicht löschen; Feuer will Stock nicht brennen; Stock will Hund nicht schlagen; Hund will Schwein nicht beißen; Schweinchen will nicht übern Zaun; und ich komm heut nicht nach Haus.» Aber der Strick wollte nicht.

Die Frau ging weiter und traf eine Ratte. Sie sagte: «Ratz! Ratz! Zernag den Strick; Strick will Metzger nicht henken; Metzger will Ochs nicht schlachten; Ochs will Wasser nicht trinken; Wasser will Feuer nicht löschen; Feuer will Stock nicht brennen; Stock will Hund nicht schlagen; Hund will Schwein nicht beißen; Schweinchen will nicht übern Zaun; und ich komm heut nicht nach Haus.» Aber die Ratte wollte nicht.

Die Frau ging weiter und traf eine Katze. Sie sagte: «Katz! Katz! Friß die Ratz; Ratz will Strick nicht nagen; Strick will Metzger nicht henken; Metzger will Ochs nicht schlachten; Ochs will Wasser nicht trinken; Wasser will Feuer nicht löschen; Feuer will Stock nicht brennen; Stock will Hund nicht schlagen; Hund will Schwein nicht beißen; Schweinchen will nicht übern Zaun; und ich komm heut nicht nach Haus.» Aber die Katze sagte: «Wenn du zu der Kuh da drüben gehst und mir eine Schale Milch holst, fresse ich die Ratte.» Also ging die alte Frau zu der Kuh.

But the cow said to her: "If you will go to yonder hay-stack, and fetch me a handful of hay, I'll give you the milk." So away went the old woman to the hay-stack; and she brought the hay to the cow.

As soon as the cow had eaten the hay, she gave the old woman the milk; and away she went with it in a saucer to the cat.

As soon as the cat had lapped up the milk, the cat began to kill the rat; the rat began to gnaw the rope; the rope began to hang the butcher; the butcher began to kill the ox; the ox began to drink the water; the water began to quench the fire; the fire began to burn the stick; the stick began to beat the dog; the dog began to bite the pig; the little pig in a fright jumped over the stile; and so the old woman got home that night.

Aber die Kuh sagte zu ihr: «Wenn du zu dem Heuschober dort drüben gehst und mir eine Handvoll Heu holst, gebe ich dir die Milch.» Da ging die alte Frau zum Heuschober und brachte der Kuh das Heu.

Sobald die Kuh das Heu gefressen hatte, gab sie der alten Frau die Milch; und die lief mit der Milch in einer Schale zu der Katze.

Sobald die Katze die Milch aufgeleckt hatte, da fraß die Katze die Ratte, da zernagte die Ratte den Strick, da henkte der Strick den Metzger, da schlachtete der Metzger den Ochsen, da trank der Ochse das Wasser, da löschte das Wasser das Feuer, da brannte das Feuer den Stock, da schlug der Stock den Hund, da biß der Hund das Schwein – und da sprang das kleine Schwein aus lauter Angst über den Zauntritt, und die alte Frau kam doch noch an dem Tag nach Hause.

Once upon a time there were Three Bears, who lived together in a house of their own, in a wood. One of them was a Little, Small, Wee Bear; and one was a Middle-sized Bear, and the other was a Great, Huge Bear. They had each a pot for their porridge; a little pot for the Little, Small, Wee Bear; and a middle-sized pot for the Middle Bear; and a great pot for the Great, Huge Bear. And they had each a chair to sit in; a little chair for the Little, Small, Wee Bear; and a middle-sized chair for the Middle Bear; and a great chair for the Great, Huge Bear. And they had each a bed to sleep in; a little bed for the Little, Small, Wee Bear; and a middle-sized bed for the Middle Bear; and a great bed for the Great, Huge Bear.

One day, after they had made the porridge for their breakfast, and poured it into their porridge-pots, they walked out into the wood while the porridge was cooling, that they might not burn their mouths by beginning too soon to eat it. And while they were walking, a little old Woman came to the house. She could not have been a good, honest old Woman; for first she looked in at the window, and then she peeped in at the keyhole; and seeing nobody in the house, she lifted the latch. The door was not fastened, because the Bears were good

Die drei Bären

Es waren einmal drei Bären, die lebten zusammen in ihrem Haus im Wald. Der eine war ein kleiner, zarter, winziger Bär; und der zweite war ein mittelgroßer Bär, und der dritte war ein großer, mächtiger Bär. Jeder hatte eine Schüssel für seine Hafergrütze, der kleine, zarte, winzige Bär eine kleine Schüssel und der mittlere Bär eine mittelgroße Schüssel und der große, mächtige Bär eine große Schüssel.

Und jeder hatte einen Sessel, um darin zu sitzen, der kleine, zarte, winzige Bär einen kleinen Sessel, der mittlere Bär einen mittelgroßen Sessel und der große, mächtige Bär einen großen Sessel. Und jeder hatte ein Bett, um darin zu schlafen, der kleine, zarte, winzige Bär ein kleines Bett und der mittlere Bär ein mittelgroßes Bett und der große, mächtige Bär ein großes Bett.

Eines Tages, nachdem sie die Hafergrütze für ihr Frühstück zubereitet und in ihre Grützeschüsseln gefüllt hatten, gingen sie in den Wald, während die Grütze abkühlte, damit sie sich nicht die Schnauzen verbrannten, nur weil sie sie zu früh aßen. Und als sie unterwegs waren, kam eine kleine alte Frau zu ihrem Haus. Es kann keine gute, ehrliche alte Frau gewesen sein, denn erst einmal schaute sie durch das Fenster, und dann lugte sie durch das Schlüsselloch, und als sie sah, daß niemand im Haus war, drückte sie die Klinke. Die Tür war nicht abgeschlossen, weil die Bären gute Bären waren, die nieman-

Bears, who did nobody any harm, and never suspected that anybody would harm them. So the little old Woman opened the door, and went in; and well pleased she was when she saw the porridge on the table. If she had been a good little old Woman, she would have waited till the Bears came home, and then, perhaps, they would have asked her to breakfast; for they were good Bears – a little rough or so, as the manner of Bears is, but for all that very good-natured and hospitable. But she was an impudent, bad old Woman, and set about helping herself.

So first she tasted the porridge of the Great, Huge Bear, and that was too hot for her; and she said a bad word about that. And then she tasted the porridge of the Middle Bear, and that was too cold for her; and she said a bad word about that, too. And then she went to the porridge of the Little, Small, Wee Bear, and tasted that; and that was neither too hot, nor too cold, but just right; and she liked it so well that she ate it all up; but the naughty old Woman said a bad word about the little porridge-pot, because it did not hold enough for her.

Then the little old Woman sat down in the chair of the Great, Huge Bear, and that was too hard for her. And then she sat down in the chair of the Middle Bear, and that was too soft for her. And then she sat down in the chair of the Little, Small, Wee Bear, and that was neither too hard, nor too soft, but just right. So she seated herself in it, and there she sat till the bottom of the chair came out, and down she came, plump upon the ground. And the naughty old Woman said a wicked word about that too.

Then the little old Woman went upstairs into the bedchamber in which the three Bears slept. And first she lay down upon the bed of the Great, Huge

dem etwas zuleide taten und sich auch nicht vorstellen konnten, daß jemand ihnen etwas zuleide tat. Also öffnete die kleine alte Frau die Tür und ging hinein; und wie hocherfreut war sie, als sie die Hafergrütze auf dem Tisch entdeckte! Wenn sie eine gute kleine alte Frau gewesen wäre, dann hätte sie gewartet, bis die Bären heimgekommen wären, und dann hätten die sie ja vielleicht zum Frühstück eingeladen. Denn sie waren gute Bären – ein wenig rauhbeinig vielleicht, wie Bären eben sind, aber durchaus gutmütig und gastfreundlich. Aber sie war eine unverschämte, schlechte alte Frau und fing an, sich selbst zu bedienen.

So kostete sie zuerst von der Grütze des großen, mächtigen Bären, und die war ihr zu heiß. Und sie sagte ein häßliches Wort dazu. Dann versuchte sie die Grütze des mittleren Bären, und die war ihr zu kalt, und dazu sagte sie auch ein häßliches Wort. Dann ging sie zum Haferbrei des kleinen, zarten, winzigen Bären und aß davon. Und der war weder zu heiß, noch zu kalt, sondern genau richtig, und er schmeckte ihr so gut, daß sie ihn ganz aufaß. Aber die ungezogene alte Frau sagte ein böses Wort über die kleine Grützeschüssel, weil nicht genug für sie hineinpaßte.

Dann setzte sich die kleine alte Frau in den Sessel des großen, mächtigen Bären, und der war ihr zu hart. Dann setzte sie sich in den Sessel des mittleren Bären, und der war ihr zu weich.

Dann setzte sie sich in den Sessel des kleinen, zarten, winzigen Bären, und der war weder zu hart, noch zu weich, sondern genau richtig. Darum machte sie es sich darin bequem und saß da, bis die Sitzfläche durchbrach und sie – plumps! – auf die Erde fiel. Und die ungezogene alte Frau sagte auch dazu ein böses Wort.

Dann ging die kleine alte Frau nach oben ins Schlafzimmer, wo die drei Bären ihre Betten hatten. Und zuerst legte sie sich auf das Bett des großen, mächtigen Bären,

Bear; but that was too high at the head for her. And next she lay down upon the bed of the Middle Bear; and that was too high at the foot for her. And then she lay down upon the bed of the Little, Small, Wee Bear; and that was neither too high at the head, nor at the foot, but just right. So she covered herself up comfortably, and lay there till she fell fast asleep.

By this time the Three Bears thought their porridge would be cool enough; so they came home to breakfast.

Now the little old Woman had left the spoon of the Great, Huge Bear standing in his porridge. "Somebody has been at my porridge!"

said the Great, Huge Bear, in his great, rough, gruff voice.

And when the Middle Bear looked at his, he saw that the spoon was standing in it, too. They were wooden spoons; if they had been silver ones, the naughty old Woman would have put them in her pocket. "Somebody has been at my porridge!" said the Middle Bear in his middle voice.

Then the Little, Small, Wee Bear looked at his, and there was the spoon in the porridge-pot, but the porridge was all gone.

"Somebody has been at my porridge, and has eaten it all up!" said the Little, Small, Wee Bear, in his little, small, wee voice.

Upon this the Three Bears, seeing that someone had entered their house, and eaten up the Little, Small, Wee Bear's breakfast, began to look about them.

Now the little old Woman had not put the hard cushion straight when she rose from the chair of the Great, Huge Bear. "Somebody has been sitting in my chair!" said the Great, Huge Bear, in his great, rough, gruff voice.

And the little old Woman had squatted down the

aber das war am Kopfende zu hoch für sie. Als nächstes legte sie sich auf das Bett des mittleren Bären, und das war am Fußende zu hoch für sie. Dann legte sie sich auf das Bett des kleinen, zarten, winzigen Bären, und das war weder am Kopfende noch am Fußende zu hoch, sondern genau richtig. Also kuschelte sie sich in die Decken und lag so, bis sie einschlief.

Inzwischen meinten die Bären, daß ihre Hafergrütze wohl genug abgekühlt sei, und kamen nach Hause, um zu frühstücken.

Nun hatte die kleine alte Frau den Löffel des großen, mächtigen Bären in dessen Grütze steckenlassen. «Da ist jemand an meiner Grütze gewesen!» sagte der große, mächtige Bär mit seiner mächtigen, harschen, barschen Stimme.

Und als der mittlere Bär auf seinen Teller schaute, sah er, daß der Löffel dort auch drinsteckte. Es waren Holzlöffel – wenn es silberne gewesen wären, hätte die unverschämte alte Frau sie sicher eingesteckt. «Da ist jemand an meiner Grütze gewesen!» sagte der mittlere Bär mit seiner mittleren Stimme.

Dann schaute der kleine, zarte, winzige Bär auf seinen Teller, und da war der Löffel in der Hafergrützeschüssel, aber die Hafergrütze war weg. «Da ist jemand an meiner Grütze gewesen und hat sie ganz aufgegessen!» sagte der kleine, zarte, winzige Bär mit seiner kleinen, zarten, winzigen Stimme.

Nun da sie gesehen hatten, daß jemand in ihr Haus gegangen war und das Frühstück des kleinen, zarten, winzigen Bären aufgegessen hatte, begannen sich die drei Bären umzusehen.

Nun hatte die kleine alte Frau das harte Polster nicht glattgestrichen, als sie vom Sessel des großen, mächtigen Bären aufgestanden war. «Da hat jemand in meinem Sessel gesessen!» sagte der große, mächtige Bär mit seiner mächtigen, harschen, barschen Stimme.

Und die kleine alte Frau hatte das weiche Polster des

soft cushion of the Middle Bear. "Somebody has been sitting in my chair!" said the Middle Bear, in his middle voice.

And you know what the little old Woman had done to the third chair. "Somebody has been sitting in my chair and has sat the bottom out of it!" said the Little, Small, Wee Bear, in his little, small, wee voice.

Then the Three Bears thought it necessary that they should make further search; so they went upstairs into their bedchamber.

Now the little old Woman had pulled the pillow of the Great, Huge Bear out of its place. "Somebody has been lying in my bed!"

said the Great, Huge Bear, in his great, rough, gruff voice.

And the little old Woman had pulled the bolster of the Middle Bear out of its place. "Somebody has been lying in my bed!" said the Middle Bear, in his middle voice.

And when the Little, Small, Wee Bear came to look at his bed, there was the bolster in its place; and the pillow in its place upon the bolster; and upon the pillow was the little old Woman's ugly, dirty head – which was not in its place, for she had no business there.

"Somebody has been lying in my bed – and here she is!" said the Little, Small, Wee Bear, in his little, small, wee voice.

The little old Woman had heard in her sleep the great, rough, gruff voice of the Great, Huge Bear; but she was so fast asleep that it was no more to her than the roaring of wind, or the rumbling of thunder. And she had heard the middle voice of the Middle Bear, but it was only as if she had heard someone speaking in a dream. But when she heard the little, small, wee voice of the Little,

mittleren Bären zerknautscht. «Da hat jemand in meinem Sessel gesessen!» sagte der mittlere Bär mit seiner mittleren Stimme.

Und du weißt, was die kleine alte Frau mit dem dritten Sessel angestellt hatte. «Da hat jemand in meinem Sessel gesessen und die Sitzfläche durchgebrochen!» sagte der kleine, zarte, winzige Bär mit seiner kleinen, zarten, winzigen Stimme.

Da meinten die drei Bären, daß sie die Sache genauer untersuchen müßten und gingen hinauf in ihr Schlafzimmer.

Nun hatte die kleine alte Frau das Kopfkissen des großen, mächtigen Bären von seinem Platz verrückt. «Da hat jemand in meinem Bett gelegen!» sagte der große, mächtige Bär mit seiner mächtigen, harschen, barschen Stimme.

Und die kleine alte Frau hatte das Polster des mittleren Bären von seinem Platz verrückt. «Da hat jemand in meinem Bett gelegen!» sagte der mittlere Bär mit seiner mittleren Stimme.

Und als der kleine, zarte, winzige Bär kam, um nach seinem Bett zu schauen, war das Polster am richtigen Platz und das Kissen am richtigen Platz auf dem Polster, und auf dem Kissen lag der häßliche, schmutzige Kopf der kleinen alten Frau, der nicht am richtigen Platz war, denn sie hatte dort nichts zu suchen. «Da hat jemand in meinem Bett gelegen – und liegt noch drin!» sagte der kleine, zarte, winzige Bär mit seiner kleinen, zarten, winzigen Stimme.

Die kleine alte Frau hatte im Schlaf die mächtige, harsche, barsche Stimme des großen, mächtigen Bären gehört. Aber sie schlief so tief, daß es für sie nicht anders klang als bloßes Windrauschen oder Donnergrollen. Und sie hatte die mittlere Stimme des mittleren Bären gehört, aber es war so gewesen, als hätte jemand im Traum zu ihr gesprochen. Aber als sie die kleine, zarte, winzige Stimme des kleinen, zarten winzigen Bären hörte,

Small, Wee Bear, it was so sharp, and so shrill, that it awakened her at once. Up she started, and when she saw the Three Bears on one side of the bed, she tumbled herself out at the other, and ran to the window. Now the window was open, because the Bears, like good, tidy Bears, as they were, always opened their bedchamber window when they got up in the morning. Out the little old Woman jumped; and whether she broke her neck in the fall; or ran into the wood and was lost there; or found her way out of the wood and was taken up by the constable and sent to the House of Correction for a vagrant as she was, I cannot tell. But the Three Bears never saw anything more of her.

war die so hoch und schrill, daß sie sofort davon aufwachte. Sie schreckte hoch und als sie die Bären auf der einen Seite neben dem Bett stehen sah, wälzte sie sich zur andern Seite raus und rannte zum Fenster. Das Fenster war offen, weil die Bären, brav und ordentlich wie sie nun einmal waren, immer ihr Schlafzimmerfenster öffneten, wenn sie morgens aufstanden. Die kleine alte Frau sprang hinaus; und ich kann nicht sagen, ob sie beim Fallen ihr Genick brach oder in den Wald lief und dort verloren ging oder ihren Weg aus dem Wald hinausfand und vom Schutzmann aufgegriffen und in die Besserungsanstalt für Landstreicher (denn das war sie) geschickt wurde. Die Bären haben jedenfall nie mehr etwas von ihr gesehen.

Once on a time and twice on a time, and all times together as ever I heard tell of, there was a tiny lassie who would weep all day to have the stars in the sky to play with; she wouldn't have this, and she wouldn't have that, but it was always the stars she would have. So one fine day off she went to find them. And she walked and she walked and she walked, till by-and-by she came to a mill-dam.

"Gooden to ye," says she; "I'm seeking the stars in the sky to play with. Have you seen any?"

"Oh, yes, my bonny lassie," said the mill-dam. "They shine in my own face o' nights till I can't sleep for them. Jump in and perhaps you'll find one."

So she jumped in, and swam about and swam about and swam about, but ne'er a one could she see. So she went on till she came to a brooklet.

"Gooden to ye, Brooklet, Brooklet," says she; "I'm seeking the stars in the sky to play with. Have you seen any?"

"Yes, indeed, my bonny lassie," said the Brooklet. "They glint on my banks at night. Paddle about, and maybe you'll find one."

So she paddled and she paddled and she paddled, but ne'er a one did she find. So on she went till she came to the Good Folk.

Die Sterne am Himmel

Es war einmal – und noch einmal und immer wieder – da hörte ich von einem kleinen Mädchen erzählen. Das weinte den ganzen Tag, weil es die Sterne vom Himmel haben wollte, um mit ihnen zu spielen. Sie wollte dies nicht haben und sie wollte jenes nicht haben – nur die Sterne, die wollte sie immer haben. So ging sie eines schönen Tages fort, um sie zu suchen. Sie ging und ging und ging, bis sie schließlich an einen Mühlenteich kam.

«Grüß dich Gott», sagt sie; «ich suche die Sterne am Himmel, um mit ihnen zu spielen. Hast du sie gesehen?»

«Oh ja, mein schönes Kind. Sie scheinen jede Nacht in mein Gesicht, so daß ich ihretwegen gar nicht schlafen kann», antwortete der Teich. «Spring nur herein – vielleicht findest du einen.»

Sie sprang hinein und schwamm und schwamm und schwamm hin und her – aber sie sah keinen einzigen. Da wanderte sie weiter, bis sie an ein Bächlein kam.

«Grüß dich Gott, Bächlein, Bächlein», sagt sie; «ich suche die Sterne am Himmel, um mit ihnen zu spielen. Hast du sie gesehen?»

«Ja freilich, mein schönes Kind», antwortete das Bächlein. «Sie spiegeln sich nachts in meinen flachen Stellen. Plantsche nur herum – vielleicht findest du einen.»

Da plantschte und plantschte und plantschte sie – aber nicht einen einzigen fand sie. Wieder ging sie weiter, bis sie zum Elfenvolk kam.

"Gooden to ye, Good Folk," says she; "I'm looking for the stars in the sky to play with. Have ye seen e'er a one?"

"Why, yes, my bonny lassie," said the Good Folk. "They shine on the grass here o' night. Dance with us, and maybe you'll find one."

And she danced and she danced and she danced, but ne'er a one did she see. So down she sate; I suppose she wept.

"Oh dearie me, oh dearie me," says she, "I've swum and I've paddled and I've danced, and if ye'll not help me I shall never find the stars in the sky to play with."

But the Good Folk whispered together, and one of them came up to her and took her by the hand and said, "If you won't go home to your mother, go forward, go forward;

mind you take the right road.

Ask Four Feet to carry you to No Feet at all, and tell No Feet at all to carry you to the stairs without steps, and if you can climb that –"

"Oh, shall I be among the stars in the sky then?" cried the lassie.

"If you'll not be, then you'll be elsewhere," said the Good Folk, and set to dancing again.

So on she went again with a light heart, and by-and-by she came to a saddled horse, tied to a tree.

"Gooden to ye, Beast," said she; "I'm seeking the stars in the sky to play with. Will you give me a lift, for all my poor bones are a-aching."

"Nay," said the horse, "I know naught of the stars in the sky, and I'm here to do the bidding of the Good Folk, and not my own will."

"Well," said she, "it's from the Good Folk I come, and they bade me tell Four Feet to carry me to No Feet at all."

«Grüß euch Gott, ihr Elfen», sagt sie; «ich suche die Sterne am Himmel, um mit ihnen zu spielen. Habt ihr vielleicht wenigstens einen gesehen?»

«Aber ja, schönes Kind», sagte das Elfenvolk. «Sie scheinen hier jede Nacht auf die Wiese herunter. Tanz mit uns – vielleicht findest du einen.»

Und da tanzte sie und tanzte und tanzte – aber sie sah keinen einzigen. Endlich setzte sie sich hin; ich glaube, sie hat geweint.

«Oh je, oh je», sagt sie, «ich bin geschwommen und habe geplantscht und getanzt – wenn ihr mir jetzt nicht helft, werd ich nie die Sterne am Himmel finden, um mit ihnen zu spielen.»

Doch die Elfen flüsterten miteinander, und einer der Elfen kam zu ihr, faßte sie bei der Hand und sagte: «Wenn du nicht nach Hause zu deiner Mutter gehen willst, dann geh weiter, weiter; gib acht, daß du die richtige Straße wanderst. Bitte Vierbein, er möchte dich doch bitte zu Fußlos tragen, und sag Fußlos, er möchte dich doch bitte zu der Treppe ohne Stufen tragen – und wenn du die hinaufklettern kannst –»

«Oh, werde ich dann mitten unter den Sternen am Himmel sein?» rief das Mädchen.

«Wenn nicht dort, dann irgendwo anders», antworteten die Elfen, und begannen wieder zu tanzen.

Da ging sie leichten Herzens weiter und kam endlich zu einem gesattelten Pferd, das an einen Baum gebunden war.

«Grüß dich Gott, Tier», sagte sie; «ich suche die Sterne am Himmel, um mit ihnen zu spielen. Läßt du mich auf dir reiten? Denn mir tun alle meine armen Glieder weh.»

«Nein», sagte das Pferd; «ich weiß nichts von den Sternen am Himmel, und ich stehe hier, um dem Geheiß der Elfen, nicht, um meinen eigenen Wünschen zu folgen.»

«Nun gut», sagte sie; «ich komme ja von den Elfen, und sie haben mir gesagt, daß ich Vierbein bitten solle, mich auf jeden Fall zu Fußlos zu tragen.»

"That's another story," said he; "jump up and ride with me."

So they rode and they rode and they rode, till they got out of the forest and found themselves at the edge of the sea. And on the water in front of them was a wide glistening path running straight out towards a beautiful thing that rose out of the water and went up into the sky, and was all the colours in the world, blue and red and green, and wonderful to look at.

"Now get you down," said the horse; "I've brought ye to the end of the land, and that's as much as Four Feet can do. I must away home to my own folk."

"But," said the lassie, "where's No Feet at all, and where's the stair without steps?"

"I know not," said the horse, "it's none of my business neither. So gooden to ye, bonny lassie"; and off he went.

So the lassie stood still and looked at the water, till a strange kind of fish came swimming up to her feet.

"Gooden to ye, big Fish," says she; "I'm looking for the stars in the sky, and for the stairs that climb up to them. Will ye show me the way?"

"Nay," said the Fish, "I can't, unless you bring me word from the Good Folk."

"Yes, indeed," said she. "They said Four Feet would bring me to No Feet at all, and No Feet at all would carry me to the stairs without steps."

"Ah, well," said the Fish; "that's all right, then. Get on my back and hold fast."

And off he went – Kerplash! – into the water, along the silver path, towards the bright arch. And the nearer they came the brighter the sheen of it, till she had to shade her eyes from the light of it.
And as they came to the foot of it, she saw it was

«Das ist etwas anderes», sagte das Pferd; «steig auf und reite mit mir.»

Sie ritten und ritten und ritten – bis sie aus dem Wald heraus kamen und sich am Strand des Meeres befanden. Und über das Wasser hin, gerade vor ihnen beginnend, lief eine breite glänzende Bahn geradewegs auf ein schönes Ding zu, das sich aus dem Meer erhob und hoch hinauf bis in den Himmel ragte. Es hatte alle Farben der Welt, blau und rot und grün, und war wunderschön anzusehen.

«Nun steig ab», sprach das Pferd; «ich habe dich bis dorthin gebracht, wo das Land aufhört, und mehr kann Vierbein nicht tun. Ich muß wieder nach Hause zu meinem Volk.»

«Aber», fragte das kleine Mädchen, «wo ist denn Fußlos, und wo ist die Treppe ohne Stufen?»

«Ich weiß nicht», sagte das Pferd; «und es ist auch nicht meine Sache. Leb wohl, schönes Kind!» – und fort trabte es.

Das kleine Mädchen blieb stehen und schaute auf das Wasser, bis ein seltsamer Fisch dicht an ihre Füße heran geschwommen kam.

«Grüß dich Gott, du großer Fisch», sagt sie; «ich suche die Sterne am Himmel und die Treppe, die zu ihnen hinaufführt. Wirst du mir den Weg zeigen?»

«Nein», sagte der Fisch, «ich kann es nicht, außer du bringst mir einen Bescheid von den Elfen.»

«Den hab ich ja», sagte sie. «Sie sagten, daß Vierbein mich zu Fußlos bringen, und Fußlos mich dann zu der Treppe ohne Stufen tragen solle.»

«Ach so», sagte der Fisch; «dann ist es ja gut. Steig auf meinen Rücken und halte dich fest.»

Und – platsch – tauchte er ins Wasser und schwamm, entlang der Silberbahn, auf den strahlenden Bogen zu. Je näher sie kamen, desto leuchtender wurde sein Schein, und sie mußte ihre Augen vor seinem Glanz beschatten.

Als sie aber dahin kamen, wo der Regenbogen seinen

a broad bright road, sloping up and away into the sky, and at the far, far end of it she could see wee shining things dancing about.

"Now," said the Fish, "here ye are, and yon's the stair: climb up, if you can, but hold on fast. I'll warrant you'll find the stair easier at home than by such a way; 'twas ne'er meant for lassies' feet to travel"; and off he splashed through the water.

So she clomb and she clomb and she clomb, but ne'er a step higher did she get: the light was before her and around her, and the water behind her, and the more she struggled the more she was forced down into the dark and the cold, and the more she clomb the deeper she fell.

But she clomb and she clomb, till she got dizzy in the light and shivered with the cold, and dazed with the fear; but still she clomb, till at last, quite dazed and silly-like, she let clean go, and sank down – down – down.

And bang she came on to the hard boards, and found herself sitting, weeping and wailing, by the bedside at home all alone.

Anfang nahm, sah sie, daß es eine breite, strahlende Straße war, die sich hoch und bis in den Himmel hinauf wölbte. Und an ihrem fernen, fernen Ende konnte sie winzige leuchtende Punkte umhertanzen sehen.

«Nun bist du da», sagte der Fisch, «und dort ist die Treppe. Steig hinauf, wenn du kannst, aber halte dich gut fest. Ich behaupte, daß du die Treppe zu Hause leichter hinaufkommst als diese. Sie ist nicht für Kleine-Mädchen-Füße zum Steigen gedacht.» Und er platschte durchs Wasser davon.

Sie stieg und stieg und stieg, aber sie kam keinen Schritt höher hinauf. Vor ihr und um sie herum war Licht, unter ihr war Wasser. Je mehr sie sich mühte, desto mehr wurde sie in Dunkelheit und Kälte hinunter gezogen – und je höher sie stieg, desto tiefer fiel sie.

Aber sie stieg und stieg – bis sie schwindelig vom Licht wurde, vor Kälte zitterte, und betäubt war von Angst. So lange kletterte sie, bis sie zum Schluß ganz erschöpft und benommen einfach losließ, und immer tiefer und tiefer sank.

Bums – stieß sie auf harten Brettern auf und fand sich weinend und jammernd neben ihrem Bett sitzend, zu Hause, ganz allein.

Once upon a time when pigs spoke rhyme
And monkeys chewed tobacco,
And hens took snuff to make them tough,
And ducks went quack, quack, quack, O!

There was an old sow with three little pigs, and as
she had not enough to keep them, she sent them
out to seek their fortune. The first that went off
met a man with a bundle of straw, and said to him:

"Please, man, give me that straw to build me a
house."

Which the man did, and the little pig built a
house with it. Presently came along a wolf, and
knocked at the door, and said:

"Little pig, little pig, let me come in."

To which the pig answered:

"No, no, by the hair of my chiny chin chin."

The wolf then answered to that:

"Then I'll huff, and I'll puff, and I'll blow your
house in."

So he huffed, and he puffed, and he blew his
house in, and ate up the little pig.

The second little pig met a man with a bundle
of furze, and said:

118
119   "Please, man, give me that furze to build a
house."

Die drei kleinen Schweine

Es war mal ein Schwein, das sprach im Reim,
Und Affen, die kauten Tabak,
Und Hühner, die schnupften, um stark zu sein,
Und Enten, die riefen quakquak!

Es war einmal eine alte Sau mit drei Ferkeln. Weil sie
nicht genug hatte, um sie satt zu machen, schickte sie sie
fort, daß sie ihr Glück suchten. Das erste, das loszog, traf
einen Mann mit einem Ballen Stroh und sagte zu ihm:
    «Bitte, Mann, gib mir das Stroh, damit ich mir ein
Haus bauen kann.»
    Das tat der Mann, und das kleine Schwein baute sich
daraus ein Haus. Nach kurzer Zeit kam ein Wolf daher,
der klopfte an die Tür und sagte:
    «Kleines Schwein, kleines Schwein, laß mich hinein.»
    Worauf das Schwein antwortete:
    «Nein, nein, beim Haar meines kleinwinzigen Kinns!»
    Da antwortete der Wolf:
    «Dann werde ich husten und werde ich prusten und
werde dein Haus umblasen.»
    Also hustete er und prustete er, und er blies das Haus
um und fraß das kleine Schwein auf.
    Das zweite kleine Schwein traf einen Mann mit einem
Bündel Ginster und sagte:
    «Bitte, Mann, gib mir den Ginster, damit ich mir ein
Haus bauen kann.»

Which the man did, and the pig built his house.

Then along came the wolf, and said:

"Little pig, little pig, let me come in."

"No, no, by the hair of my chiny chin chin."

"Then I'll puff, and I'll huff, and I'll blow your house in."

So he huffed, and he puffed, and he puffed, and he huffed, and at last he blew the house down, and he ate up the little pig.

The third little pig met a man with a load of bricks, and said:

"Please, man, give me those bricks to build a house with."

So the man gave him the bricks, and he built his house with them.

So the wolf came, as he did to the other little pigs, and said:

"Little pig, little pig, let me come in."

"No, no, by the hair of my chiny chin chin."

"Then I'll huff, and I'll puff, and I'll blow your house in."

Well, he huffed, and he puffed, and he huffed and he puffed, and he puffed and huffed; but he could *not* get the house down. When he found that he could not, with all his huffing and puffing, blow the house down, he said:

"Little pig, I know where there is a nice field of turnips."

"Where?" said the little pig.

"Oh, in Mr. Smith's Home-field, and if you will be ready to-morrow morning I will call for you, and we will go together, and get some for dinner."

"Very well," said the little pig, "I will be ready. What time do you mean to go?"

120   "Oh, at six o'clock."

121   Well, the little pig got up at five, and got the

Das tat der Mann, und das Schwein baute sich ein Haus.

Und schon kam der Wolf daher und sagte:

«Kleines Schwein, kleines Schwein, laß mich hinein.»

«Nein, nein, beim Haar meines kleinwinzigen Kinns!»

«Dann werde ich husten und werde ich prusten und werde dein Haus umblasen.»

Also hustete er und prustete er und prustete und hustete, und schließlich blies er das Haus um und fraß das kleine Schwein auf.

Das dritte kleine Schwein traf einen Mann mit einer Ladung Ziegelsteine und sagte:

«Bitte, Mann, gib mir die Ziegelsteine, damit ich daraus ein Haus bauen kann.»

Also gab ihm der Mann die Ziegelsteine, und es baute sich damit sein Haus.

Und der Wolf kam, wie er auch zu den anderen kleinen Schweinen gekommen war, und sagte:

«Kleines Schwein, kleines Schwein, laß mich hinein.»

«Nein, nein, beim Haar meines kleinwinzigen Kinns.»

«Dann werde ich husten und werde ich prusten und werde dein Haus umblasen.»

Nun – er hustete, und er prustete, und er hustete, und er prustete, und er prustete, und er hustete, aber er konnte das Haus nicht kaputtmachen. Als er merkte, daß er trotz all dem Husten und Prusten das Haus nicht umblasen konnte, sagte er:

«Kleines Schwein, ich weiß ein schönes Rübenfeld.»

«Wo?» fragte das kleine Schwein.

«Oh, auf Herrn Schmids Ackerland. Wenn du morgen früh zeitig auf bist, komme ich vorbei, und wir gehen zusammen hin und holen ein paar Rüben fürs Abendessen.»

«Sehr gut», meinte das kleine Schwein, «ich werde bereit sein. Wann willst du gehen?»

«Oh, um sechs Uhr.»

Nun, das kleine Schwein stand um fünf Uhr auf und

turnips before the wolf came (which he did about six) and he said:

"Little pig, are you ready?"

The little pig said: "Ready! I have been and come back again, and got a nice potful for dinner."

The wolf felt very angry at this, but thought that he would be up to the little pig somehow or other, so he said:

"Little pig, I know where there is a nice apple-tree."

"Where?" said the pig.

"Down at Merry-garden," replied the wolf, "and if you will not deceive me I will come for you, at five o'clock to-morrow and get some apples."

Well, the little pig bustled up the next morning at four o'clock, and went off for the apples, hoping to get back before the wolf came; but he had further to go, and had to climb the tree, so that just as he was coming down from it, he saw the wolf coming, which, as you may suppose, frightened him very much. When the wolf came up he said:

"Little pig, what! are you here before me? Are they nice apples?"

"Yes, very," said the little pig. "I will throw you down one."

And he threw it so far, that, while the wolf was gone to pick it up, the little pig jumped down and ran home. The next day the wolf came again, and said to the little pig:

"Little pig, there is a fair at Shanklin this afternoon, will you go?"

"Oh yes," said the pig, "I will go; what time shall you be ready?"

"At three," said the wolf. So the little pig went off before the time as usual, and got to the fair, and bought a butter-churn, which he was going home with, when he saw the wolf coming. Then he could

holte die Rüben, bevor der Wolf kam (was ungefähr um sechs war), der sagte:

«Kleines Schwein, bist du fertig?»

Das kleine Schwein sagte: «Fertig! Ich war schon dort und habe einen schönen Topf voll fürs Abendessen geholt.»

Der Wolf war sehr wütend darüber, aber er dachte, daß er dem kleinen Schwein schon irgendwie beikommen werde, und sagte:

«Kleines Schwein, ich weiß einen schönen Apfelbaum.»

«Wo?» fragte das Schwein.

«Unten im Glücksgarten», antwortete der Wolf, «und wenn du mich nicht hintergehst, hole ich dich morgen früh um fünf Uhr ab, und wir pflücken ein paar Äpfel.»

Nun, das kleine Schwein machte sich am nächsten Morgen um vier Uhr rasch fertig und ging, um die Äpfel zu holen; es hoffte, zurück zu sein, bevor der Wolf käme. Aber es mußte weiter gehen und auf den Baum klettern, so daß es, gerade als es am Absteigen war, den Wolf kommen sah, vor dem es, das kannst du glauben, große Angst hatte. Als der Wolf näherkam, sagte er:

«Kleines Schwein! Was! Du bist vor mir hier? Sind die Äpfel gut?»

«Ja, sehr», sagte das kleine Schwein, «ich schmeiße dir einen hinunter.»

Und es warf ihn so weit, daß das kleine Schwein, während der Wolf ging, um den Apfel zu holen, hinuntersprang und heim rannte. Am nächsten Tag kam der Wolf wieder und sagte zu dem kleinen Schwein:

«Kleines Schwein, heute nachmittag ist ein Jahrmarkt in Shanklin, hast du Lust?»

«Oh ja», sagte das Schwein, «ich habe Lust; wann soll es losgehen?»

«Um, drei», sagte der Wolf. Also brach das kleine Schwein wieder früher auf und ging zu dem Markt und kaufte ein Butterfaß, und mit dem ging es gerade heim, als es den Wolf kommen sah. Da wußte es nicht, was es

not tell what to do. So he got into the churn to hide, and by so doing turned it round, and it rolled down the hill with the pig in it, which frightened the wolf so much, that he ran home without going to the fair. He went to the little pig's house, and told him how frightened he had been by a great round thing which came down the hill past him. Then the little pig said:

"Hah, I frightened you, then. I had been to the fair and bought a butter-churn, and when I saw you, I got into it, and rolled down the hill."

Then the wolf was very angry indeed, and declared he *would* eat up the little pig, and that he would get down the chimney after him. When the little pig saw what he was about, he hung on the pot full of water, and made up a blazing fire, and, just as the wolf was coming down, took off the cover, and in fell the wolf; so the little pig put on the cover again in an instant, boiled him up, and ate him for supper, and lived happy ever afterwards.

tun sollte. Es versteckte sich in dem Butterfaß und drehte es dabei, und das Faß mitsamt dem Schwein rollte nun den Hügel hinunter, und das erschreckte den Wolf so, daß er heimrannte, ohne zu dem Markt zu gehen. Er kam zum Haus des kleinen Schweins und erzählte ihm, wie sehr ihn ein großes, rundes Ding erschreckt hatte, das hinter ihm her den Hügel heruntergerollt war. Da sagte das kleine Schwein:

«Ha, da habe ich dich also erschreckt. Ich war auf dem Markt und kaufte ein Butterfaß, und als ich dich sah, setzte ich mich hinein und rollte den Hügel hinunter.»

Da war der Wolf wirklich wütend und erklärte, daß er das Schwein schon noch auffressen werde; er wolle durch den Schornstein zu ihm hineinkommen. Als das kleine Schwein sah, was er vorhatte, setzte es den Kessel voll Wasser auf und machte ein prasselndes Feuer. Als der Wolf herunterkam, nahm es den Deckel ab, und der Wolf fiel hinein. Sofort tat das kleine Schwein den Deckel wieder darauf, kochte den Wolf gar und aß ihn zum Abendessen, und lebte fortan glücklich und zufrieden.

Young Tamlane was son of Earl Murray, and Burd Janet was daughter of Dunbar, Earl of March. And when they were young they loved one another and plighted their troth. But when the time came near for their marrying, Tamlane disappeared, and none knew what had become of him.

Many, many days after he had disappeared, Burd Janet was wandering in Carterhaugh Wood, though she had been warned not to go there. And as she wandered she plucked the flowers from the bushes. She came at last to a bush of broom and began plucking it. She had not taken more than three flowerets when by her side up started young Tamlane.

"Where come ye from, Tamlane, Tamlane?" Burd Janet said; "and why have you been away so long?"

"From Elfland I come," said young Tamlane. "The Queen of Elfland has made me her knight."

"But how did you get there, Tamlane?" said Burd Janet.

"I was a-hunting one day, and as I rode widershins round yon hill, a deep drowsiness fell upon me, and when I awoke, behold! I was in Elfland. Fair is that land and gay, and fain would I stop but for thee and one other thing. Every seven years the

Jung-Tamlane war ein Sohn des Grafen Murray, und Burd Janet war eine Tochter Dunbars, des Grafen von March. Schon als sie noch ganz jung waren, liebten sie einander und gelobten sich Treue. Aber als die Zeit herankam, zu der sie heiraten sollten, verschwand Tamlane, und niemand wußte, was aus ihm geworden war.

Viele viele Tage, nachdem er verschwunden war, streifte Burd Janet durch den Wald von Carterhaugh, obgleich man sie gewarnt hatte, dorthin zu gehen. Im Dahinschreiten brach sie Blüten von den Sträuchern. Schließlich kam Burd Janet an einen Ginsterstrauch und begann von ihm zu pflücken. Sie hatte noch nicht mehr als drei kleine Blüten genommen, als neben ihr Jung-Tamlane auftauchte.

«Wo kommst du her, Tamlane, Tamlane?» sagte Burd Janet. «Und warum bist du so lange fort gewesen?»

«Aus dem Elfenreich komme ich», sprach Jung-Tamlane. «Die Königin von Elfenland hat mich zu ihrem Ritter erkoren.»

«Aber wie bist du dahin gekommen, Tamlane?» sagte Burd Janet.

«Eines Tages war ich auf der Jagd; als ich von Abend nach Morgen um jenen Hügel ritt, befiel mich eine große Müdigkeit. Und als ich aufwachte, denk dir, war ich im Elfenreich. Schön ist dieses Land und heiter, und gern würde ich dort bleiben, wenn du nicht wärest – und noch

Elves pay their tithe to the Nether world, and for all the Queen makes much of me, I fear it is myself that will be the tithe."

"Oh can you not be saved? Tell me if aught I can do will save you, Tamlane?"

"One only thing is there for my safety. To-morrow night is Hallowe'en, and the fairy court will then ride through England and Scotland, and if you would borrow me from Elfland you must take your stand by Miles Cross between twelve and one o' the night, and with holy water in your hand you must cast a compass all around you."

"But how shall I know you, Tamlane," quoth Burd Janet, "amid so many knights I've ne'er seen before?"

"The first court of Elves that comes by let pass, let pass. The next court you shall pay reverence to, but do naught nor say aught. But the third court that comes by is the chief court of them, and at the head rides the Queen of all Elfland. And by her side I shall ride upon a milk-white steed with a star in my crown; they give me this honour as being a christened knight. Watch my hands, Janet, the right one will be gloved but the left one will be bare, and by that token you will know me."

"But how to save you, Tamlane?" quoth Burd Janet.

"You must spring upon me suddenly, and I will fall to the ground. Then seize me quick, and whatever change befall me, for they will exercise all their magic on me, cling hold to me till they turn me into red-hot iron.

Then cast me into this pool and I will be turned back into a mother-naked man. Cast then your green mantle over me, and I shall
be yours, and be of the world again."

So Burd Janet promised to do all for Tamlane,

etwas: Alle sieben Jahre zahlen die Elfen den Zehnten an die Unterwelt. Und obwohl die Königin sehr gut zu mir ist, fürchte ich, daß ich selber die Abgabe sein werde.»

«Oh, kannst du nicht gerettet werden? Sag, ob ich etwas tun kann, um dich zu retten, Tamlane!»

«Eine einzige Möglichkeit gibt es für meine Rettung. Morgen abend ist der Vorabend von Allerheiligen. Da reitet der Elfenhof durch England und Schottland. Wenn du mich dem Elfenreich abgewinnen willst, mußt du dich am Wegkreuz zwischen zwölf und ein Uhr nachts einfinden, und mit geweihtem Wasser mußt du einen Kreis um dich schlagen.»

«Aber wie soll ich dich erkennen», sprach Burd Janet, «unter einer solchen Menge Ritter, wie ich noch keine gesehen habe, Tamlane?»

«Die erste Gruppe von Elfen, die kommt, laß vorbeigehen. Die nächste sollst du ehrerbietig grüßen, doch tu nichts und sag nichts. Aber die dritte Gruppe, die herankommt, ist der Große Hofstaat von denen, an der Spitze reitet die Königin von ganz Elfenland. An ihrer Seite werde ich reiten, auf einem milchweißen Streitroß, mit einem Stern in meiner Helmzier; diese Ehre erweisen sie mir als einem getauften Ritter. Achte auf meine Hände, Janet. Die rechte ist im Handschuh, aber die linke ist bloß – an diesem Zeichen wirst du mich erkennen.»

«Aber wie kann man dich retten, Tamlane?» sprach Burd Janet.

«Du mußt mit einem Satz auf mich zu springen, und dann falle ich zu Boden. Ergreife mich schnell, und wie ich mich auch verändere – denn sie werden alle ihre Zauberei an mir versuchen –, klammere dich fest an mich, bis sie mich in rotglühendes Eisen verwandeln. Dann wirf mich in den kleinen Teich dort, und ich werde zurück verwandelt in einen splitternackten Mann. Dann wirf deinen grünen Mantel über mich, und ich werde der Deine sein und wieder zur Menschenwelt gehören.»

Burd Janet versprach, alles für Tamlane zu tun. Und in

and next night at midnight she took her stand by Miles Cross and cast a compass round her with holy water.

Soon there came riding by the Elfin court, first over the mount went a troop on black steeds, and then another troop on brown. But in the third court, all on milk-white steeds, she saw the Queen of Elfland and by her side a knight with a star in his crown with the right hand gloved and the left bare. Then she knew this was her own Tamlane, and springing forward she seized the bridle of the milk-white steed and pulled its rider down. And as soon as he had touched the ground she let go the bridle and seized him in her arms.

"He's won, he's won amongst us all," shrieked out the eldritch crew, and all came around her and tried their spells on young Tamlane.

First they turned him in Janet's arms like frozen ice, then into a huge flame of roaring fire. Then, again, the fire vanished and an adder was skipping through her arms, but still she held on; and then they turned him into a snake that reared up as if to bite her, and yet she held on. Then suddenly a dove was struggling in her arms, and almost flew away. Then they turned him into a swan, but all was in vain, till at last he was changed into a red-hot glaive, and this she cast into a well of water and then he turned back into a mother-naked man. She quickly cast her green mantle over him, and young Tamlane was Burd Janet's for ever.

Then sang the Queen of Elfland as the court turned away and began to resume its march.

"She that has borrowed young Tamlane
has gotten a stately groom,
she's taken away my bonniest knight,
left nothing in his room.

der nächsten Nacht stellte sie sich um Mitternacht am Wegkreuz auf und schlug mit Weihwasser einen Kreis um sich.

Bald darauf kam der Elfenhofstaat vorbeigeritten. Zuerst kam eine Gruppe auf schwarzen Rossen über den Hügel, und dann eine auf braunen. Aber in der dritten Gruppe, auf milchweißen Pferden, sah sie die Königin von Elfenland, und an ihrer Seite einen Ritter mit einem Stern in seiner Helmzier, die rechte Hand im Handschuh und die linke bloß. Da wußte sie, daß es ihr Tamlane war. Sie sprang vor, ergriff die Zügel des milchweißen Rosses und zog den Reiter herunter. Sobald er den Boden berührt hatte, ließ sie die Zügel los und umschlang ihn mit den Armen.

«Er wird erlöst, mitten aus uns heraus», kreischte die Elfengesellschaft. Alle stellten sich um Burd Janet und versuchten ihre Zaubersprüche an Jung-Tamlane.

Erst verwandelten sie ihn in Janets Armen zu starrem Eis, dann in eine hohe Flamme prasselnden Feuers. Dann verschwand das Feuer wieder, und eine Natter wand sich in ihren Armen; aber immer noch hielt Burd Janet fest. Dann verwandelten sie ihn in eine Schlange, die sich zu ihr aufbog, wie um sie zu beißen, und doch hielt sie fest. Plötzlich kämpfte eine Taube in ihren Armen und flog beinah davon. Dann machten sie ihn zu einem Schwan. Aber alles war umsonst, bis er endlich in ein glühendes Schwert verzaubert war: das warf sie in einen kleinen Teich. Da verwandelte er sich zurück in einen splitternackten Mann. Schnell warf sie ihren grünen Mantel über ihn, und Jung-Tamlane gehörte Burd Janet an für immer.

Die Königin von Elfenland sang, als sich der Hofstaat entfernte und seinen Marsch wieder aufnahm:

«Sie, die mir Tamlane entriß, gewann
einen Bräutigam strahlend hell,
sie nahm mir den besten Ritter weg,
ließ nichts an seiner Stell.

But had I known, Tamlane, Tamlane,
a lady would borrow thee,
I'd hae ta'en aout thy two grey eyne,
put in two eyne of tree.

Had I but known, Tamlane, Tamlane,
before we came from home,
I'd hae ta'en out thy heart o' flesh,
put in a heart of stone.

Had I but had the wit yestreen
that I have got to-day,
I'd paid the Fiend seven times his teind
ere you'd been won away."

And then the Elfin court rode away, and Burd Janet
and young Tamlane went their way homewards
and were soon after married after young Tamlane
had again been sainted by the holy water and made
Christian once more.

Ach, hätt ich's gewußt, Tamlane, Tamlane,
dich entreiße mir eine Frau:
zwei Holzaugen hätt ich dir eingesetzt
statt deiner zwei Augen grau.

Ach hätt ich's gewußt, Tamlane, Tamlane,
eh wir zogen nach anderwärts:
ich hätt dir genommen dein Herz von Fleisch
und gegeben ein steinernes Herz.

Ach wäre ich gestern gewesen schon
so klug wie ich heute bin:
siebenmal hätt ich dem Teufel den Zehnten gezahlt,
eh du mir schwandest dahin.»

Der Elfen-Hofstaat ritt davon, und Burd Janet und Jung-
Tamlane machten sich auf den Heimweg. Sie wurden bald
darauf vermählt, nachdem Jung-Tamlane wieder mit
Weihwasser gesegnet und von neuem zum Christen gemacht worden war.

In the reign of the famous King Edward III. there was a little boy called Dick Whittington, whose father and mother died when he was very young. As poor Dick was not old enough to work, he was very badly off; he got but little for his dinner, and sometimes nothing at all for this breakfast; for the people who lived in the village were very poor indeed, and could not spare him much more than the parings of potatoes, and now and then a hard crust of bread.

Now Dick had heard many, many very strange things about the great city called London; for the country people at that time thought that folks in London were all fine gentlemen and ladies; and that there was singing and music there all day long; and that the streets were all paved with gold.

One day a large waggon and eight horses, all with bells at their heads, drove through the village while Dick was standing by the sign-post. He thought that this waggon must be going to the fine town of London; so he took courage, and asked the waggoner to let him walk with him by the side of the waggon. As soon as the waggoner heard that poor Dick had no father or mother, and saw by his ragged clothes that he could not be worse off than he was, 134 he told him he might go if he would, so off they 135 set together.

Zur Zeit des berühmten Edward III. lebte ein kleiner
Junge, Dick Whittington genannt, dessen Vater und Mutter starben, als er noch ganz klein war. Weil der arme
Dick nicht alt genug war, um zu arbeiten, ging es ihm
sehr schlecht: er bekam nur wenig zum Abendessen und
manchmal überhaupt nichts zum Frühstück; denn die
Leute, die in seinem Dorf lebten, waren wirklich sehr
arm und konnten ihm nicht viel mehr abgeben als Kar-
toffelschalen und hin und wieder eine harte Brotrinde.

Nun hatte Dick viele merkwürdige Dinge über die
große Stadt namens London gehört; die Landleute dach-
ten zu der Zeit nämlich, daß die Stadtbewohner allesamt
feine Damen und Herren seien, daß dort den ganzen Tag
lang gesungen würde, und daß die Straßen alle mit Gold
gepflastert seien.

Eines Tages fuhr ein großer Wagen mit acht Pferden,
die alle an ihren Köpfen Schellen hatten, durch das Dorf,
gerade als Dick am Wegweiser stand. Er dachte sich, daß
dieser Wagen in die herrliche Stadt London fahren müsse; so nahm er allen Mut zusammen und fragte den
Fuhrmann, ob er ihn neben dem Wagen her mitgehen
ließe. Als der Wagenführer hörte, daß der arme Dick weder Vater noch Mutter hatte, und an seinen zerlumpten
Kleidern sah, daß es ihm nicht schlechter gehen konnte,
als es ihm schon ging, sagte er zu ihm: wenn er wolle,
könne er mitgehen, und so zogen sie zusammen weiter.

So Dick got safe to London, and was in such a hurry to see the fine streets paved all over with gold, that he did not even stay to thank the kind waggoner; but ran off as fast as his legs would carry him, through many of the streets, thinking every moment to come to those that were paved with gold; for Dick had seen a guinea three times in his own little village, and remembered what a deal of money it brought in change; so he thought he had nothing to do but to take up some little bits of the pavement, and should then have as much money as he could wish for.

Poor Dick ran till he was tired, and had quite forgot his friend the waggoner; but at last, finding it grow dark, and that every way he turned he saw nothing but dirt instead of gold, he sat down in a dark corner and cried himself to sleep.

Little Dick was all night in the streets; and next morning, being very hungry, he got up and walked about, and asked everybody he met to give him a half-penny to keep him from starving; but nobody stayed to answer him, and only two or three gave him a half-penny; so that the poor boy was soon quite weak and faint for the want of victuals.

In this distress he asked charity of several people, and one of them said crossly: "Go to work for an idle rogue." "That I will," says Dick, "I will go to work for you, if you will let me." But the man only cursed at him and went on.

At last a good-natured looking gentleman saw how hungry he looked. "Why don't you go to work, my lad?" said he to Dick. "That I would, but I do not know how to get any," answered Dick. "If you are willing, come along with me," said the gentleman, and took him to a hay-field, where Dick worked briskly, and lived merrily till the hay was made.

Auf diese Weise gelangte Dick richtig nach London. Er war so ungeduldig, die feinen, goldgepflasterten Straßen zu sehen, daß er nicht einmal mehr dem freundlichen Fuhrmann dankte, sondern wegrannte, so schnell ihn seine Beine trugen, durch viele Straßen, in der Erwartung, jeden Augenblick zu denen zu kommen, die mit Gold gepflastert waren. Dick hatte nämlich dreimal in seinem kleinen Dorf eine Goldmünze gesehen, und er wußte noch, was für eine Menge Geld dafür eingewechselt worden war; nun meinte er, er müsse nichts weiter tun als kleine Stücke vom Pflaster wegnehmen – und schon hätte er dann so viel Geld, wie er sich wünsche.

Der arme Dick rannte, bis er müde war, und hatte seinen Freund, den Wagenführer, ganz vergessen; als er schließlich merkte, daß es dunkel wurde und daß er, wohin er sich wandte, nur Dreck statt Gold sah, setzte er sich in eine dunkle Ecke und weinte sich in den Schlaf.

Der kleine Dick war die ganze Nacht auf der Straße; am nächsten Morgen stand er auf, weil er hungrig war, und ging herum und bat jeden, der ihm begegnete, um einen halben Penny, damit er nicht verhungern müsse; aber keiner blieb stehen, um ihm zu antworten, nur zwei oder drei gaben ihm einen halben Penny, so daß der arme Junge aus Mangel an Essen bald ganz schwach und blaß war.

In seiner Not bat er einige Leute um Almosen; einer von ihnen sagte unfreundlich: «Geh arbeiten, du fauler Landstreicher.» – «Das will ich tun», sagte Dick, «ich werde für Sie arbeiten, wenn Sie mich lassen.» Aber der Mann fluchte nur und ging weiter.

Schließlich sah ein gutmütig aussehender Herr, wie hungrig Dick aussah. «Warum gehst du nicht arbeiten, mein Junge?» fragte er ihn. «Das würde ich ja gerne, aber ich weiß nicht, wie ich Arbeit bekommen kann», antwortete Dick. «Wenn du willst, dann komm mit mir», sagte der Herr und nahm ihn mit auf eine Heuwiese, wo Dick fleißig arbeitete und gut lebte, bis das Heu gemacht war.

After this he found himself as badly off as before; and being almost starved again, he laid himself down at the door of Mr. Fitzwarren, a rich merchant. Here he was soon seen by the cook-maid, wo was an illtempered creature, and happened just then to be very busy dressing dinner for her master and mistress; so she called out to poor Dick: "What business have you there, you lazy rogue? there is nothing else but beggars; if you do not take yourself away, we will see how you will like a sousing of some dish-water; I have some here hot enough to make you jump."

Just at that time Mr. Fitzwarren himself came home to dinner; and when he saw a dirty ragged boy lying at the door, he said to him: "Why do you lie there, my boy? You seem old enough to work; I am afraid you are inclined to be lazy."

"No, indeed, sir," said Dick to him, "that is not the case, for I would work with all my heart, but I do not know anybody, and I believe I am very sick for the want of food."

"Poor fellow, get up; let me see what ails you."

Dick now tried to rise, but was obliged to lie down again, being too weak to stand, for he had not eaten any food for three days, and was no longer able to run about and beg a halfpenny of people in the street. So the kind merchant ordered him to be taken into the house, and have a good dinner given him, and be kept to do what work he was able to do for the cook.

Little Dick would have lived very happy in this good family if it had not been for the ill-natured cook. She used to say: "You are under me, so look sharp; clean the spit and the dripping-pan, make the fires, wind up the jack, and do all the scullery work nimbly, or –" and she would shake the ladle at him. Besides, she was so fond of basting, that when

Danach ging es ihm wieder so schlecht wie zuvor. Als er wieder am Verhungern war, legte er sich vor die Tür des Herrn Fitzwarren, eines reichen Kaufmanns. Bald hatte ihn da die Köchin bemerkt, eine mürrische Person, die gerade sehr damit beschäftigt war, das Abendessen für ihren Herrn und seine Tochter herzurichten. Sie rief dem armen Dick zu: «Was hast du hier zu suchen, du fauler Nichtsnutz? Man sieht überall nichts als Bettler. Wenn du nicht verschwindest, werden wir mal sehen, wie dir ein Spülwasserguß zusagt – ich habe hier ein wenig, das ist heiß genug, um dich springen zu lassen.»

In diesem Augenblick kam Herr Fitzwarren selber nach Hause zum Essen, und als er einen schmutzigen, zerlumpten Jungen vor der Tür liegen sah, sagte er zu ihm: «Warum liegst du hier, mein Junge? Du bist doch wohl alt genug, um zu arbeiten; ich fürchte, du neigst zur Faulheit.»

«Nein, Herr, wirklich nicht», sagte Dick, «das ist nicht der Grund, denn ich würde herzlich gern arbeiten, aber ich kenne niemanden, und ich glaube, ich bin richtig krank vor Hunger.»

«Armer Kerl, steh auf; laß sehen, was dir fehlt.»

Dick versuchte jetzt aufzustehen, mußte sich aber gleich wieder hinlegen, weil er zu schwach zum Stehen war, denn er hatte drei Tage lang nichts gegessen und konnte nicht mehr herumlaufen und die Leute auf der Straße um einen halben Penny bitten. Da befahl der freundliche Kaufmann, ihn ins Haus zu tragen, ihm ein gutes Abendessen zu geben und ihn dazubehalten; er sollte für die Köchin die Arbeit tun, die er leisten konnte.

Klein Dick hätte ein glückliches Leben in dieser guten Familie führen können, wenn nicht die launische Köchin gewesen wäre. Sie sagte immerzu: «Du bist mein Untergebener, also paß gut auf; putz den Spieß und die Bratpfanne, mach Feuer, dreh den Bratendreher und mach all die Küchenarbeit flink, sonst...» und fuchtelte mit dem Kochlöffel nach ihm. Überhaupt war sie so wild aufs

she had no meat to baste, she would baste poor Dick's head and shoulders with a broom, or anything else that happened to fall in her way. At last her ill-usage of him was told to Alice, Mr. Fitzwarren's daughter, who told the cook she should be turned away if she did not treat him kinder.

The behaviour of the cook was now a little better; but besides this Dick had another hardship to get over. His bed stood in a garret, where there were so many holes in the floor and the walls that every night he was tormented with rats and mice.

A gentleman having given Dick a penny for cleaning his shoes, he thought he would buy a cat with it. The next day he saw a girl with a cat, and asked her, "Will you let me have that cat for a penny?" The girl said: "Yes, that I will, master, though she is an excellent mouser."

Dick hid his cat in the garret, and always took care to carry a part of his dinner to her; and in a short time he had no more trouble with the rats and mice, but slept quite sound every night.

Soon after this, his master had a ship ready to sail; and as it was the custom that all his servants should have some chance for good fortune as well as himself, he called them all into the parlour and asked them what they would send out.

They all had something that they were willing to venture except poor Dick, who had neither money nor goods, and therefore could send nothing. For this reason he did not come into the parlour with the rest; but Miss Alice guessed what was the matter, and ordered him to be called in. She then said: "I will lay down some money for him, from my own purse"; but her father told her: "This will not do, for it must be something of his own."

When poor Dick heard this, he said: "I have

Schlagen, daß sie, wenn es kein Fleisch zum Klopfen gab, Kopf und Schultern des armen Dick mit einem Besen oder was ihr sonst in den Weg kam, prügelte. Irgendwann erfuhr Alice, Herrn Fitzwarrens Tochter, wie die Köchin ihn mißhandelte; sie erklärte, daß sie entlassen würde, wenn sie Dick nicht freundlicher behandle.

Das Betragen der Köchin war jetzt ein wenig besser, aber Dick hatte auch noch eine andere Schwierigkeit: Sein Bett stand in einer Dachkammer, in deren Boden und Wänden so viele Löcher waren, daß er jede Nacht von Ratten und Mäusen belästigt wurde. Nun hatte Dick einmal von einem Edelmann fürs Schuhputzen einen Penny bezahlt bekommen, und er beschloß, davon eine Katze zu kaufen. Am nächsten Tag sah er ein Mädchen mit einer Katze und fragte sie: «Verkaufst du mir die Katze für einen Penny?» Das Mädchen sagte: «Ja, das will ich tun, junger Herr, obwohl sie ein sehr guter Mäusefänger ist.»

Dick versteckte die Katze in seiner Dachstube und achtete immer darauf, ihr einen Teil seines Abendessens zu bringen. In kurzer Zeit hatte er mit Ratten und Mäusen keinen Ärger mehr und schlief jede Nacht tief und fest.

Bald darauf war ein Schiff seines Herrn bereit, in See zu stechen, und es war Brauch, daß alle seine Diener die Gelegenheit haben sollten, zu Reichtum zu kommen, genau wie er auch. So rief er sie alle in die gute Stube zusammen und fragte sie, was sie mit auf die Reise schicken wollten.

Alle hatten etwas, das sie bereit waren aufs Spiel zu setzen; nur der arme Dick besaß weder Geld noch Gut und konnte deswegen auch nichts hergeben. Darum kam er nicht mit den anderen in die gute Stube. Fräulein Alice konnte sich denken, woran das lag, und befahl ihn zu holen. Dann sagte sie: «Ich werde aus meinem Geldbeutel etwas Geld für ihn dazulegen.» Aber ihr Vater sagte: «Das geht nicht, es muß etwas sein, das ihm gehört.»

Als der arme Dick das hörte, sagte er: «Ich habe nichts

nothing but a cat which I bought for a penny some time since of a little girl."

"Fetch your cat then, my lad," said Mr. Fitzwarren, "and let her go."

Dick went upstairs and brought down poor puss, with tears in his eyes, and gave her to the captain. "For", he said, "I shall now be kept awake all night by the rats and mice." All the company laughed at Dick's odd venture; and Miss Alice, who felt pity for him, gave him some money to buy another cat.

This, and many other marks of kindness shown him by Miss Alice, made the ill-tempered cook jealous of poor Dick, and she began to use him more cruelly than ever, and always made game of him for sending his cat to sea. She asked him: "Do you think your cat will sell for as much money as would buy a stick to beat you?"

At last poor Dick could not bear this usage any longer, and he thought he would run away from his place; so he packed up his few things, and started very early in the morning, on All-Hallows Day, the first of November. He walked as far as Holloway; and there sat down on a stone, which to this day is called "Whittington's Stone", and began to think to himself which road he should take.

While he was thinking what he should do, the Bells of Bow Church, which at that time were only six, began to ring, and their sound seemed to say to him:

Turn again, Whittington,
Thrice Lord Mayor of London.

"Lord Mayor of London!" said he to himself. "Why, to be sure, I would put up with almost anything now, to be Lord Mayor of London, and ride in a fine coach, when I grow to be a man! Well, I

als eine Katze, die ich vor einiger Zeit einem kleinen Mädchen für einen Penny abgekauft habe.»

«Dann nimm deine Katze, mein Junge», sagte Herr Fitzwarren, «und schick sie auf die Reise.»

Dick ging hinauf und holte die arme Puss herunter, mit Tränen in den Augen, und gab sie dem Kapitän. «Jetzt werden mich Ratten und Mäuse die ganze Nacht wachhalten», sagte er. Die ganze Versammlung lachte über Dicks sonderbaren Einsatz. Fräulein Alice aber hatte Mitleid mit ihm und gab ihm etwas Geld, daß er eine andere Katze kaufen konnte.

Das und noch viele andere Zeichen des Wohlwollens von Fräulein Alice machten die mürrische Köchin eifersüchtig auf den armen Dick, und sie begann mit dem Armen grausamer umzuspringen als eh und je. Immerzu verspottete sie ihn, daß er seine Katze auf See geschickt hatte. Sie fragte ihn: «Meinst du, für die Katze wird man so viel Geld bekommen wie man braucht, um einen Stock zu kaufen, mit dem man dich verhauen kann?»

Schließlich konnte der arme Dick diese Behandlung nicht mehr aushalten; er beschloß, von diesem Ort wegzulaufen. Er packte seine paar Habseligkeiten und brach am frühen Morgen auf, an Allerheiligen, dem ersten November. Er ging bis Holloway; dort setzte er sich auf einen Stein, der bis heute «Whittingtons Stein» genannt wird, und begann nachzudenken, welchen Weg er nehmen sollte.

Während er überlegte, was zu tun sei, begannen die Glocken der Bow-Kirche – damals waren es nur sechs – zu läuten; ihr Klang schien ihm zu sagen:

«Kehr um, Whittington,
Dreimal Bürgermeister von London.»

«Bürgermeister von London!» sagte er zu sich. «Nun, eins ist sicher: ich würde fast alles auf mich nehmen, um Bürgermeister von London zu werden und in einer feinen Kutsche zu fahren, wenn ich erwachsen bin. Darum will

will go back, and think nothing of the cuffing and scolding of the old cook, if I am to be Lord Mayor of London at last."

Dick went back, and was lucky enough to get into the house, and set about his work, before the old cook came downstairs.

We must now follow Miss Puss to the coast of Africa. The ship with the cat on board was a long time at sea; and was at last driven by the winds on a part of the coast of Barbary, where the only people were the moors, unknown to the English. The people came in great numbers to see the sailors, because they were of different colour to themselves, and treated them civilly; and, when they became better acquainted, were very eager to buy the fine things that the ship was loaded with.

When the captain saw this, he sent patterns of the best things he had to the king of the country; who was so much pleased with them, that he sent for the captain to the palace. Here they were placed, as it is the custom of the country, on rich carpets flowered with gold and silver. The king and queen were seated at the upper end of the room; and a number of dishes were brought in for dinner. They had not sat long, when a vast number of rats and mice rushed in, and devoured all the meat in an instant. The captain wondered at this, and asked if these vermin were not unpleasant.

"Oh yes," said they, "very offensive; and the king would give half his treasure to be freed of them, for they not only destroy his dinner, as you see, but they assault him in his chamber, and even in bed, and so that he is obliged to be watched while he is sleeping, for fear of them."

The captain jumped for joy; he remembered poor Whittington and his cat, and told the king he had a creature on board the ship that would

ich zurückgehen und mich nicht über die Schelte und die Ohrfeigen der alten Köchin ärgern, wenn ich letzten Endes Bürgermeister von London werde.»

Dick kehrte um und konnte zum Glück ins Haus gelangen und seine Arbeit aufnehmen, bevor die alte Köchin herunterkam.

Jetzt müssen wir Fräulein Puss bis zur afrikanischen Küste folgen. Das Schiff mit der Katze an Bord war lange auf See und wurde schließlich von den Winden zu einem Küstenstrich der Barbarei getrieben, wo nur Mohren lebten, die den Engländern unbekannt waren. Die Bewohner kamen scharenweise, um die Seeleute zu sehen, denn die hatten eine andere Hautfarbe als sie und behandelten sie höflich. Als sie etwas Bekanntschaft geschlossen hatten, waren sie sehr begierig, die schönen Dinge zu kaufen, die das Schiff geladen hatte.

Als der Kapitän das sah, sandte er dem König des Landes Proben der wertvollsten Waren, die er hatte; dem gefielen die so gut, daß er den Kapitän zu sich in den Palast einlud. Da setzten sie sich, wie es in dem Lande Brauch war, auf üppige, gold- und silbergeblümte Teppiche. Der König und die Königin nahmen am oberen Ende des Raumes Platz. Eine Reihe von Gerichten wurde zum Essen hereingebracht. Sie waren noch nicht lange so gesessen, als Unmengen von Ratten und Mäusen hereingerannt kamen und im Handumdrehen das ganze Fleisch verschlungen hatten. Den Kapitän verwunderte das; er fragte, ob dieses Ungeziefer nicht unerfreulich sei.

«Oh, natürlich», sagten sie, «äußerst widerwärtig – der König würde seinen halben Schatz dafür geben, wenn er davon befreit würde, denn sie verderben nicht nur sein Essen, sondern fallen ihn auch in seinem Zimmer an, sogar im Bett, so daß er während des Schlafes bewacht werden muß, weil er solche Angst vor ihnen hat.»

Der Kapitän sprang vor Freude auf: Er erinnerte sich an den armen Whittington und seine Katze und erzählte dem König, er habe ein Geschöpf auf seinem Schiff, das die

dispatch all these vermin immediately. The king jumped so high at the joy which the news gave him, that his turban dropped off his head. "Bring this creature to me," says he; "vermin are dreadful in a court, and if she will perform what you say, I will load your ship with gold and jewels in exchange for her."

The captain, who knew his business, took this opportunity to set forth the merits of Miss Puss. He told his majesty: "It is not very convenient to part with her, as, when she is gone, the rats and mice may destroy the goods in the ship – but to oblige your majesty, I will fetch her."

"Run, run!" said the queen; "I am impatient to see the dear creature."

Away went the captain to the ship, while another dinner was got ready. He put Puss under his arm, and arrived at the place just in time to see the table full of rats. When the cat saw them, she did not wait for bidding, but jumped out of the captain's arms, and in a few minutes laid almost all the rats and mice dead at her feet. The rest of them in their fright scampered away to their holes.

The king was quite charmed to get rid so easily of such plagues, and the queen desired that the creature who had done them so great a kindness might be brought to her, that she might look at her. Upon which the captain called: "Pussy, pussy, pussy!" and she came to him. He then presented her to the queen, who started back, and was afraid to touch a creature who had made such a havoc among the rats and mice. However, when the captain stroked the cat and called: "Pussy, pussy," the queen also touched her and cried: "Putty, putty," for she had not learned English. He then put her down on the queen's lap, where she purred and played with her majesty's hand, and then purred herself to sleep.

ganze Brut in einem Augenblick vertilgen werde. Der König sprang aus lauter Freude über diese Nachricht so hoch, daß sein Turban herunterfiel. «Bring mir dieses Tier», sagte er. «Ungeziefer an einem Hof ist gräßlich, und wenn es hält was du versprichst, werde ich dein Schiff zum Dank mit Gold und Juwelen beladen.»

Der Kapitän kannte sich aus im Geschäft und nahm die Gelegenheit wahr, die Vorzüge von Fräulein Puss noch ausführlicher zu beschreiben. Er sagte zu Seiner Majestät: «Es ist nicht sehr angenehm, sich von ihr zu trennen, denn wenn sie weg ist, werden Ratten und Mäuse die Schiffsladung verderben – aber um Eurer Majestät einen Gefallen zu tun, will ich sie holen.»

«Lauf, lauf!» sagte die Königin; «Ich kann es gar nicht erwarten, das gute Tier zu sehen.»

Und der Kapitän ging zum Schiff, während ein neues Essen bereitet wurde. Er nahm Puss unter den Arm und kam gerade rechtzeitig zum Palast, um den Tisch voller Ratten zu sehen. Als die Katze diese erblickte, mußte man sie nicht lange bitten, sondern sie sprang vom Arm des Kapitäns, und in wenigen Minuten lagen fast alle Ratten und Mäuse tot zu ihren Füßen. Die übrigen rannten voll Angst fort in ihre Löcher.

Der König war ganz beglückt, von derartigen Plagen so einfach befreit zu werden, und die Königin wünschte, daß das Tier, das ihnen einen so großen Gefallen getan hatte, zu ihr gebracht werde und sie es sich anschauen könne. Worauf der Kapitän rief: «Pussy, Pussy, Pussy!» und sie zu ihm kam. Er überreichte sie der Königin, die zurückschreckte und sich fürchtete, ein Tier anzufassen, das unter den Ratten und Mäusen ein solches Blutbad angerichtet hatte. Aber als der Kapitän die Katze streichelte und «Pussy, Pussy» nannte, berührte die Königin sie auch und rief «Putty, Putty», denn sie hatte ja kein Englisch gelernt. Da setzte der Kapitän die Katze auf den Schoß der Königin, wo sie mit der Hand Ihrer Majestät spielte und sich dann selber in den Schlaf schnurrte.

The king, having seen the exploits of Mrs. Puss, and being informed that her kittens would stock the whole country, and keep it free from rats, bargained with the captain for the whole ship's cargo, and then gave him ten times as much for the cat as all the rest amounted to.

The captain then took leave of the royal party, and set sail with a fair wind for England, and after a happy voyage arrived safe in London.

One morning, early, Mr. Fitzwarren had just come to his counting-house and seated himself at the desk, to count over the cash, and settle the business for the day, when somebody came tap, tap, at the door. "Who's there?" said Mr. Fitzwarren. "A friend," answered the other; "I come to bring you good news of your ship *Unicorn.*"

The merchant, bustling up in such a hurry that he forgot his gout, opened the door, and who should he see waiting but the captain and factor, with a cabinet of jewels and a bill of lading; when he looked at this the merchant lifted up his eyes and thanked Heaven for sending him such a prosperous voyage.

They then told the story of the cat, and showed the rich present that the king and queen had sent for her to poor Dick. As soon as the merchant heard this, he called out to his servants:

Go send him in, and tell him of his fame;
Pray call him Mr. Whittington by name.

Mr. Fitzwarren now showed himself to be a good man; for when some of his servants said so great a treasure was too much for him, he answered: "God forbid I should deprive him of the value of a single penny, it is his own, and he shall have it to a farthing."

He then sent for Dick, who at that time was

Nachdem der König die Taten der Frau Puss gesehen hatte und ihm erklärt worden war, daß ihre Jungen das ganze Land bevölkern und von Ratten freihalten würden, handelte er vom Kapitän die gesamte Schiffsladung ein und gab ihm dann für die Katze zehnmal so viel wie der ganze Rest wert war.

Da verabschiedete sich der Kapitän von der königlichen Tafelrunde, setzte bei günstigem Wind Segel gen England und kam nach glücklicher Reise heil in London an.

Eines frühen Morgens, Herr Fitzwarren war gerade erst in sein Kontor gekommen und hatte am Tisch Platz genommen, um die Kasse zu überprüfen und das Geschäft für den Tag zu regeln, klopfte jemand bumm, bumm an die Tür. «Wer ist da?» fragte Herr Fitzwarren. «Ein Freund», antwortete der andere, «ich bin gekommen, um Ihnen gute Nachrichten von Ihrem Schiff ‹Einhorn› zu bringen.» Der Kaufmann erhob sich so hastig, daß er sogar seine Gicht vergaß, öffnete die Tür – und wen sonst sollte er da stehen sehen als den Kapitän und den Verwalter, mit einer Truhe voller Juwelen und einem Frachtbrief! Als er all das sah, hob der Kaufmann seine Augen zum Himmel und dankte Gott dafür, daß er ihm so eine glückliche Unternehmung beschert hatte.

Sie erzählten die Geschichte mit der Katze und zeigten das prächtige Geschenk, das der König und die Königin für den armen Dick mitgegeben hatten. Kaum hatte der Kaufmann das vernommen, rief er seinen Dienern zu:

«Holt ihn herein, erzählt ihm von dem Ruhm,
nennt ihn ‹Herr Whittington›, ich bitt euch drum.»

Herr Fitzwarren bewies nun, daß er ein guter Mensch war: Denn als einige von seinen Dienern zu ihm sagten, daß so ein großer Schatz viel zu viel für Dick sei, antwortete er: «Gott bewahre, daß ich ihm einen einzigen Penny wegnehme, das gehört ihm, und er soll alles bis auf den letzten Heller bekommen.»

Er ließ Dick holen, der gerade Töpfe für die Köchin

scouring pots for the cook, and was quite dirty. He would have excused himself from coming into the counting-house, saying, "The room is swept, and my shoes are dirty and full of hobnails." But the merchant ordered him to come in.

Mr. Fitzwarren ordered a chair to be set for him, and so he began to think they were making game of him, and at the same time said to them: "Do not play tricks with a poor simple boy, but let me go down again, if you please, to my work."

"Indeed, Mr. Whittington," said the merchant, "we are all quite in earnest with you, and I most heartily rejoice in the news that these gentlemen have brought you; for the captain has sold your cat to the King of Barbary, and brought you in return for her more riches than I possess in the whole world; and I wish you may long enjoy them!"

Mr. Fitzwarren then told the men to open the great treasure they had brought with them; and said: "Mr. Whittington has nothing to do but to put it in some place of safety."

Poor Dick hardly knew how to behave himself for joy. He begged his master to take what part of it he pleased, since he owed it all to his kindness. "No, no," answered Mr. Fitzwarren, "this is all your own; and I have no doubt but you will use it well."

Dick next asked his Mistress, and then Miss Alice, to accept a part of his good fortune; but they would not, and at the same time told him they felt great joy at his good success. But this poor fellow was too kind-hearted to keep it all to himself; so he made a present to the captain, the mate, and the rest of Mr. Fitzwarren's servants; and even to the illnatured old cook.

After this Mr. Fitzwarren advised him to send for

scheuerte und ziemlich schmutzig war. Er scheute sich, in das Kontor zu kommen und sagte: «Hier ist es so sauber, und meine Schuhe sind schmutzig und mit groben Nägeln beschlagen.» Aber der Kaufmann befahl ihm, hereinzukommen.

Herr Fitzwarren ließ ihm einen Stuhl bringen, und da dachte Dick schon, daß sie ihr Spiel mit ihm treiben wollten und sagte zu ihnen: «Treiben Sie keinen Scherz mit einem einfachen armen Jungen, sondern lassen Sie mich bitte wieder zu meiner Arbeit hinuntergehen.»

«Aber, Herr Whittington», sagte der Kaufmann, «wir meinen es wirklich ganz ernst mit Ihnen, und ich freue mich von ganzem Herzen über die Nachrichten, die diese Herren für Sie haben: Der Kapitän hat nämlich Ihre Katze an den König der Barbaren verkauft und Ihnen als Gegengabe mehr Güter mitgebracht, als ich in der ganzen Welt besitze – und ich wünsche Ihnen, daß Sie lange Freude daran haben mögen!»

Herr Fitzwarren bat die Männer, die große Schatztruhe zu öffnen, die sie mitgebracht hatten und sagte: «Herr Whittington hat nichts weiter zu tun, als die Truhe an einen sicheren Ort zu bringen.»

Der arme Dick wußte vor Freude gar nicht, was er sagen sollte. Er bat seinen Herrn, davon zu nehmen, was ihm beliebte, schließlich verdanke er das alles seiner Güte. «Nein, nein», sagte Herr Fitzwarren, «das gehört alles Ihnen und ich habe keinen Zweifel daran, daß Sie es gut verwenden werden.»

Da fragte Dick seine Herrin und dann Fräulein Alice, ob sie einen Teil seines Reichtums haben wollten. Aber sie wollten nicht und beglückwünschten ihn zu seinem großen Erfolg. Trotzdem war der arme Kerl viel zu gutherzig, um alles für sich zu behalten, und so beschenkte er den Kapitän, den Steuermann und die übrige Dienerschaft des Herrn Fitzwarren; ja sogar die launische Köchin bekam etwas ab.

Nun riet Herr Fitzwarren ihm, einen Schneider holen

a proper tailor and get himself dressed like a gentleman; and told him he was welcome to live in his house till he could provide himself with a better.

When Whittington's face was washed, his hair curled, his hat cocked, and he was dressed in a nice suit of clothes he was as handsome and genteel as any young man who visited at Mr. Fitzwarren's; so that Miss Alice, who had once been so kind to him, and thought of him with pity, now looked upon him as fit to be her sweetheart; and the more so, no doubt, because Whittington was now always thinking what he could do to oblige her, and making her the prettiest presents that could be.

Mr. Fitzwarren soon saw their love for each other, and proposed to join them in marriage; and to this they both readily agreed. A day for the wedding was soon fixed; and they were attended to church by the Lord Mayor, the court of aldermen, the sheriffs, and a great number of the richest merchants in London, whom they afterwards treated with a very rich feast.

History tells us that Mr. Whittington and his lady lived in great splendour, and were very happy. They had several children. He was sheriff of London, thrice Lord Mayor, and received the honour of knighthood by Henry V.

He entertained this king and his queen at dinner after his conquest of France so grandly, that the king said: "Never had prince such a subject"; when Sir Richard heard this, he said: "Never had subject such a prince."

The figure of Sir Richard Whittington with his cat in his arms, carved in stone, was to be seen till the year 1780 over the archway of the old prison of Newgate, which he built for criminals.

zu lassen und sich wie ein Edelmann zu kleiden und bot ihm an, in seinem Haus zu wohnen, bis er etwas Besseres für sich gefunden hätte.

Als Whittingtons Gesicht gewaschen war, sein Haar frisiert, sein Hut gebürstet, und er einen feinen Anzug trug, war er so ansehnlich und vornehm wie jeder junge Mann, der in Herrn Fitzwarrens Haus ein- und ausging. Fräulein Alice, die immer so freundlich zu ihm gewesen war und mitleidig an ihn gedacht hatte, merkte nun, daß er ihr als Herzallerliebster schon recht wäre – gewiß um so mehr, als Whittington jetzt die ganze Zeit am Überlegen war, was er wohl tun könne, um ihr eine Freude zu machen und ihr die schönsten Geschenke überreichte, die man sich vorstellen kann.

Herr Fitzwarren bemerkte bald ihre Liebe zueinander und fragte sie, ob sie nicht heiraten wollten, wozu beide sogleich bereit waren. Der Tag für die Hochzeit war bald festgelegt; zur Kirche wurden sie vom Bürgermeister, den Ratsherren, den Sheriffs und von einer großen Anzahl der reichsten Kaufleute Londons begleitet, die sie alle nach der Trauung bei einem großen Fest bewirteten.

Die Überlieferung sagt, Herr Whittington und seine Frau hätten in großem Glanz gelebt und seien sehr glücklich gewesen. Sie hatten mehrere Kinder. Er wurde Sheriff von London, dreimal Bürgermeister und erhielt die Ritterwürde von König Heinrich V.

Diesen König und seine Königin unterhielt Whittington bei einem Essen nach der Eroberung Frankreichs so köstlich, daß der König sagte: «Noch nie hatte ein Fürst so einen Untertanen.» Als Sir Richard das hörte, entgegnete er: «Noch nie hatte ein Untertan so einen Fürsten.»

Sir Richard Whittington mit seiner Katze auf dem Arm konnte man bis zum Jahre 1780 bewundern: in Stein gehauen über dem Tor des alten Gefängnisses von Newgate, das er für Straftäter gebaut hatte.

In the old days when London Bridge was lined with shops from one end to the other, and salmon swam under the arches, there lived at Swaffham, in Norfolk, a poor pedlar. He'd much ado to make his living, trudging about with his pack at his back and his dog at his heels, and at the close of the day's labour was but too glad to sit down and sleep.

Now it fell out that one night he dreamed a dream, and therein he saw the great bridge of London town, and it sounded in his ears that if he went there he should hear joyful news. He made little count of the dream, but on the following night it came back to him, and again on the third night.

Then he said within himself, "I must needs try the issue of it," and so he trudged up to London town. Long was the way and right glad was he when he stood on the great bridge and saw the tall houses on right hand and left, and had glimpses of the water running and the ships sailing by. All day long he paced to and fro, but he heard nothing that might yield him comfort.

And again on the morrow he stood and he gazed – he paced afresh the length of London Bridge, but naught did he see and naught did he hear.

Now the third day being come as he still stood

Der Trödler von Swaffham

In alten Zeiten, als die Londoner Brücke noch von einem zum anderen Ende mit Läden gesäumt war, und Lachse unter ihren Bögen schwammen, da lebte in Swaffham in Norfolk ein armer Trödler. Er hatte viel Mühe, seinen Lebensunterhalt zu verdienen, immer unterwegs mit seinem Packen auf dem Rücken und seinem Hund an den Fersen. Nach der täglichen Arbeit war er nur zu froh, wenn er sich hinsetzen und schlafen konnte. Nun trug es sich zu, daß er eines Nachts einen Traum hatte in welchem er die große Brücke der Stadt London sah. Er vernahm eine Stimme, die sagte, er werde eine freudige Nachricht hören, wenn er dorthin ginge. Er maß dem Traum wenig Bedeutung bei, aber in der folgenden und noch einmal in der dritten Nacht wiederholte er sich.

Da sagte er zu sich selber: «Ich muß unbedingt wissen, was daraus wird.» Und so machte er sich auf in die Stadt London. Lang war der Weg, und er war recht froh, als er auf der großen Brücke stand, die prächtigen Häuser rechts und links und immer wieder etwas von dem strömenden Wasser und den vorübersegelnden Schiffen sah. Den ganzen Tag lang ging er auf und ab, aber er erfuhr nichts, was ihm Mut machte.

Und am nächsten Morgen stand er wieder und schaute – er schritt von neuem die Londoner Brücke auf und ab, doch er sah nichts und hörte nichts.

Nun war der dritte Tag, und wieder stand er da und

and gazed, a shopkeeper hard by spoke to him. "Friend," said he, "I wonder much at your fruitless standing. Have you no wares to sell?"

"No, indeed," quoth the pedlar.

"And you do not beg for alms."

"Not so long as I can keep myself."

"Then what, I pray thee, dost thou want here, and what may thy business be?"

"Well, kind sir, to tell the truth, I dreamed that if I came hither, I should hear good news."

Right heartily did the shopkeeper laugh. "Nay, thou must be a fool to take a journey on such a silly errand. I'll tell thee, poor silly country fellow, that I myself dream too o' nights, and that last night I dreamt myself to be in Swaffham, a place clean unknown to me, but in Norfolk if I mistake not, and methought I was in an orchard behind a pedlar's house, and in that orchard was a great oak-tree.

Then meseemed that if I digged I should find beneath that tree a great treasure. But think you I'm such a fool as to take on me a long and wearisome journey and all for a silly dream? No, my good fellow, learn wit from a wiser man than thyself. Get thee home, and mind thy business."

When the pedlar heard this he spoke no word, but was exceeding glad in himself, and returning home speedily, digged underneath the great oak-tree, and found a prodigious great treasure. He grew exceeding rich, but he did not forget his duty in the pride of his riches. For he built up again the church at Swaffham, and when he died they put a statue of him therein all in stone with his pack at his back and his dog at his heels. And there it stands to this day to witness if I lie.

schaute. Da sprach ihn einer an, der hier seinen Laden hatte: «Freund», sagte er, «ich wundere mich über dein unnützes Herumstehen. Hast du keine Waren zu verkaufen?»

«Nein, wirklich nicht», sprach der Trödler.

«Und du bettelst auch nicht um Almosen?»

«So lange, wie ich mich selber erhalten kann, nicht.»

«Aber ich bitte dich, was willst du dann hier, und was hast du vor?»

«Ehrlich gesagt, lieber Herr, ich habe geträumt, ich würde gute Nachrichten hören, wenn ich hierher käme.»

Da lachte der Ladeninhaber so recht von Herzen. «Nein, was mußt du für ein Narr sein, wegen solch einer dummen Botschaft eine Reise zu unternehmen. Ich will dir erzählen, du dummer Bauernkerl, daß ich nachts auch träume. In der letzten Nacht träumte mir, ich wäre in Swaffham, einem mir völlig unbekannten Ort, wenn ich nicht irre: in Norfolk. Mir schien, ich sei in einem Obstgarten hinter dem Haus eines Trödlers, und in diesem Garten stehe eine mächtige Eiche. Dann schien es mir, ich sollte unter diesem Baum, wenn ich grübe, einen großen Schatz finden. Aber denkst du, daß ich solch ein Narr bin, eine lange beschwerliche Reise auf mich zu nehmen – nur wegen einem albernen Traum? Nein, mein Bester, laß dir gut raten von einem Mann, der gescheiter ist als du. Geh nach Haus und bleib bei deiner Arbeit.»

Als der Trödler dies hörte, sagte er kein Wort, war aber insgeheim über die Maßen froh; schnell kehrte er nach Hause zurück, grub unter dem großen Eichbaum und fand einen riesigen Schatz. Er wurde ungeheuer reich, doch vergaß er bei allem Stolz auf seine Reichtümer nicht seine Pflicht. Er baute die Kirche in Swaffham wieder auf, und als er starb, errichtete man dort sein Standbild mit dem Bündel auf dem Rücken und seinem Hund zu seinen Füßen. Und dort steht es heute noch, zum Beweis, daß ich nicht lüge.

Dieses Taschenbuch tritt an die Stelle eines anderen mit gleichem Titel, das seit 1957 ununterbrochen in der Edition Langewiesche-Brandt (seit 1973: dtv zweisprachig) auf dem Markt war. Nach so vielen Jahren fanden wir, es sei eine neue und größere Ausgabe zu wünschen. Sie sollte – nicht nur, aber auch – die aller-bekanntesten Märchen enthalten, damit eine gewisse landeskundliche Auskunft erteilt würde. Eine Umfrage bei englischen Schulkindern ergab, daß die Märchen 1, 4, 6, 9, 11 und 13 anscheinend allgemeiner lebendiger Besitz sind. «Die beiden Märchen schlechthin» sind offenbar 1 und 13, das am meisten derb lärmende und das am meisten moralisch triefende. Nach den international gängigen Vorurteilen der Nationen übereinander könnte jemand gerade diese beiden für «eher typisch deutsch» halten. Was wäre dann «typisch englisch»? Wir wissen es nicht. Wir haben eine möglichst große Artenvielfalt angestrebt – von dem wohl sehr früh entstandenen Märchen 12 bis zu dem zweifellos moderneren (beinahe Anti-)Märchen 9, hinter dem ein englischer Marcel Aymé hervorzublinzeln scheint.

Der Wortlaut und die Schreibweise sind die der Jacobs-Ausgabe von Frederick Muller Ltd., London 1942, Fourth Impression 1953. Alle dort enthaltenen (also: den englischen Kindern zugemuteten) Altertümlichkeiten wurden übernommen. Thou art a monster; quoth she und said she und says she (neben she said); spake (neben spoke); how much you love me; to-night; to-morrow; swum (statt swam); sate (statt set).

Die Übersetzungen durften, ja sollten etwas verschieden klingen. Das tun ja auch die Texte. Das Fee-fi-fo-fum (bzw. Fee, fi, fo, fum) ist im einen Fall als eher beiläufige Redensart innerhalb eines Prosasatzes gebraucht, im anderen als eine ordentlich poetische Beschwörungsformel. Auch: ob ein Übersetzer eher Rotkäppchen im Ohr hatte oder Ursula Lehrburgers klassische Übersetzung von Winnie dem Pu, hat sich ausgewirkt. Der Leser soll – wie hier bei allen anderen Büchern der Reihe – ausdrücklich

ermuntert sein, sich andere, eigene Lösungen auszudenken.

Die Märchen 2, 3, 4, 6, 8, 9, 11, und 13 wurden von Eva Wachinger übersetzt, das erste Märchen von Gisela Wachinger und die Märchen 5, 7, 10, 12, und 14 von Helga Wachinger.

Gerne schicken wir Ihnen ein Verzeichnis aller Bände der Reihe dtv zweisprachig zu.

Deutscher Taschenbuch Verlag
Friedrichstraße 1a, 80801 München
www.dtv.de   zweisprachig@dtv.de